Anonymous

Verzeichniss von Goethes Handschriften, Zeichnungen und Radierungen,

Drucke seiner Werke, Kompositionen und Illustrationen seiner Dichtungen,

Büsten, Medaillen und Gemälden, Portraits aus seinem Freundeskreise

Anonymous

Verzeichniss von Goethes Handschriften, Zeichnungen und Radierungen,
Drucke seiner Werke, Kompositionen und Illustrationen seiner Dichtungen, Büsten, Medaillen und Gemälden, Portraits aus seinem Freundeskreise

ISBN/EAN: 9783743371279

Hergestellt in Europa, USA, Kanada, Australien, Japan

Cover: Foto ©Thomas Meinert / pixelio.de

Manufactured and distributed by brebook publishing software
(www.brebook.com)

Anonymous

Verzeichniss von Goethes Handschriften, Zeichnungen und Radierungen,

Katalog

der

Goethe-Ausstellung.

1861.

Zweiter Abdruck.

Verzeichniß

von

Goethes

Handschriften, Zeichnungen und Radirungen, Drucken seiner Werke, Compositionen und Illustrationen seiner Dichtungen, Büsten, Medaillen und Gemälden, Portraits aus seinem Freundeskreise, Andenken und Erinnerungszeichen,

welche

im Concertsaale des Königlichen Schauspielhauses

vom 19ten Mai 1861 an

ausgestellt sind.

Mit zwei Schrifttafeln.

(Der Ertrag ist für das in Berlin zu errichtende Goethe-Denkmal bestimmt.)

Berlin 1861.

E. H. Schroeder.

Herm. Kaiser.

Unter den Linden 41.

Auskunft über Gegenstände der Ausstellung ertheilen die unterzeichneten Mitglieder des Ausstellungs-Comité.

Franz Espagne. Fr. Förster. Herman Grimm. v. Holtzendorff. von der Hude. v. Löper. F. A. Maercker. Eduard Magnus. W. v. Maltzahn. J. v. Olfers. Pertz. Dr. J. Schrader.

Die Citate beziehen sich auf die Ausgabe in 40 Bänden, Stuttgart und Tübingen, Cotta. 1840. 16.

I.

Büsten, Medaillen, Schaumünzen, Bildnisse Goethes und ihm nah befreundeter Personen.

A. Im Hauptsaal.

a. Im großen Saale an der Hauptwand: in der Mitte, die kolossale Büste Goethes von Steinhäuser; zu seiner Rechten die Büsten von Schiller und Herder, zu seiner Linken die von Lessing und Wieland.

b. An der Seitenwand rechts: die kolossale Büste Goethes von K. Fischer, daneben zur Rechten: Beethoven und Fürst Anton Radziwill, zur Linken: Zelter und Reichardt. Darunter fünf Bildnisse Goethes, Oelgemälde aus den Jahren 1779 bis 1829.

c. An der Wand zur Rechten des Einganges in den Hauptsaal: Herzoglich und großherzoglich Sachsen-Weimarische Familienbilder. Unter denselben drei Büsten Goethes.

d. An den beiden Pfeilern der Eingänge in den Hauptsaal: die Bildnisse Goethes und Schillers aus den Jahren 1787 und 88.

e. In dem Glaskasten am ersten Fenster links im Hauptsaale: Schaumünzen, Medaillons, Erinnerungszeichen.

B. Im Vorsaal.

Die Befreundeten Goethes aus Frankfurt, Weimar und Jena. Handzeichnungen Goethes, Modelle zu Denkmalen*).

A. Büsten.

1. Goethes kolossale Büste, Abguß von Steinhäusers Thonmodell zu der Marmorstatue Goethes in Weimar.

Eigenthum der v. Arnimschen Familie in Berlin.

2. Kolossale Büste Goethes, Gipsabguß, modellirt von K. Fischer in Berlin.

Aus Eichlers Kunstanstalt in Berlin.

---

*) Ein Verzeichniß der Bildnisse Goethes auf Medaillen, in Sculptur, in Eisen, in Biscuit, auf Porzellan, in Stahl, in Gips und in Glas findet man in L. Nicolovius über Goethe. Leipzig 1828.

3. Goethes Büste, nach dem Leben modellirt von Alexander Trippel in Rom, 1787, und für den Fürsten Christian von Waldeck in Marmor ausgeführt. Im Schlosse zu Arolsen befindlich.
S. Goethes italienische Reise, Briefe vom 28. Aug. u. 12. Sept. 1787. — Der Gipsabguß im Besitze des Herrn Eichler in Berlin.

4. Goethes Büste, von Fr. Tieck nach dem Leben modellirt 1801; wiederholt 1806 in Weimar. Gipsabguß. — Von demselben Künstler befindet sich eine Kolossalbüste Goethes in der Walhalla bei Regensburg. Die Büste, welche Tieck, wetteifernd mit Rauch in Jena, 1820 modellirte, ist nicht bekannt geworden. (S. Briefwechsel zwischen Goethe u. Schulz. S. 202 u. f.)
Im Besitze der Königl. Bibliothek in Berlin.

5. Goethes Büste, von Klauer in Weimar nach dem Leben modellirt, in gebranntem Thon und in Gips. Ein Geschenk Goethes an Zelter.
Im Besitze des Directors der Singakademie Herrn Professors Grell.

6. Goethes Büste, nach dem Leben modellirt von dem Bildhauer Weißer in Stuttgart.
Im Besitze des Herrn Hofraths Professors Jacob Grimm in Berlin.

7. Goethes Büste, nach dem Leben modellirt von Rauch in Jena, 1820. Gipsabguß. Eine Ausführung in Marmor besitzt Hr. v. Quandt in Dresden.
Goethe an Zelter. Weimar den 9. Nov. 1820.
„Mit Rauchs Büste bin ich sehr zufrieden. Hätte er sie secretirt und, in Marmor ausgearbeitet, zuerst aufgestellt, so wäre das Problematische, was gegenwärtig noch darinnen liegt, gar nicht zur Sprache gekommen." Hierzu in dem Briefe an Schulz in Berlin noch die Worte: „Ich aber verstehe es recht gut und weiß es seinem inneren Werthe nach zu schätzen."
Briefwechsel zwischen Goethe und Zelter III, S. 165, desgleichen zwischen Goethe und Schulz, S. 221.
Im Besitze des Herrn Hofr. F. Förster in Berlin.

8. Ein Abguß in Gips, über den Lebenden 1815 von Gottfr. Schadow in Weimar geformt; nicht Todtenmaske.

9. Eine Statuette Goethes von Rauch in Berlin, 1825.
Im Besitze desselben.

10. Goethe und Schiller, Modell zu einem Denkmale von Rauch.
Im Besitze des Herrn General-Directors v. Olfers in Berlin.

11. Skizze zu einem Monumente für Goethe, von Frau Bettina v. Arnim.
Im Besitze der Familie v. Arnim.

I. Büsten, Medaillen, Schaumünzen, Bildnisse ꝛc.

„Einer der innigsten Wünsche, welche Bettina von Arnim fast bis in die letzten Tage ihres Lebens hegte, war die Ausführung des hier in einer Skizze aufgestellten Monuments für Goethe.

Von ihr selbst modellirt ist die Gruppe, welche die Spitze bildet: Goethe mit dem Genius zwischen seinen Knien, der an die Saiten seiner Leier schlägt. Dieser Theil des Ganzen entstand in den dreißiger Jahren. Zu dem Uebrigen ist im Nachlaß der Frau von Arnim eine lange Reihe großer, in den schärfsten Contouren ausgeführter Zeichnungen vorhanden, Compositionen, welche als Basreliefs die Wände des Postaments bekleiden sollten und deren Grundgedanke die Darstellung eines an zwei Seiten zum Könige heranziehenden antiken Triumphzuges ist.

Wie diese Figurenmassen hier in Gyps nur aufs nothdürftigste angedeutet sichtbar sind, rühren sie vom Bildhauer Professor Steinhäuser in Rom her, welcher, nachdem er die Gruppe: Goethe und den Genius in colossaler Größe in Marmor vollendet hatte, im Jahre 1850 nach Berlin kam, um unter den Augen der Frau von Arnim die Idee des Ganzen vorläufig zusammenzubringen und festzustellen. Es war die Aussicht vorhanden, S. Maj. der hochselige König würde das Monument ausführen lassen, ein Werk, welches deshalb weniger kostspielig gewesen wäre, als es hier den Anschein haben könnte, weil die Hauptarbeit, wie gesagt, bereits vollendet war und es sich bei der Herstellung des Unterbaues nur um die Bekleidung der Wandflächen handelte.

Diese Gedanken jedoch verloren sich ohne in Erfüllung zu gehen. S. Königl. Hoheit der Großherzog von Weimar kaufte in Rom Steinhäusers Werk an und ließ es in Weimar aufstellen, wo es in dem beschränkten Raume, der ihm angewiesen ist, einstweilen kaum seine Wirkung thun kann. Frau von Arnim arbeitete selbständig an der hier ausgestellten Skizze weiter, deren Rückwand besonders erst nachträglich ihre jetzige Gestalt erhielt. Sie beabsichtigte, durch eine allgemeine Betheiligung die Kosten für die Ausführung aufzubringen, und bereits hatten sich an verschiedenen Stellen bedeutende Persönlichkeiten bereit erklärt, an die Spitze der Sammlungen zu treten, als ihr Tod auch diesen Plänen ein vorläufiges Ende machte.

Um sich eine Vorstellung zu machen, wie etwa die Zeichnungen für die Basreliefs ausgeführt worden sind, betrachte man auf der Rückseite die Gruppe des Jünglings mit dem Mädchen auf den Armen über dem wasserspeienden Medusenhaupte. Dieselbe ist vom Bildhauer Wolff modellirt worden. Der Jüngling ist ein Hirte, zu dem die Königstochter niederstieg, eine Verherrlichung der Dichtkunst, deren Gewalt allen Unterschied zwischen dem höchsten und niedrigsten aufhebt.

Es scheint mir unzweifelhaft, daß die Ausführung dieses Monumentes, in die rechten Hände gelegt, ein Denkmal entstehen lassen würde, wie es für Goethe nicht würdiger, schöner und großartiger erdacht werden könnte, und das zugleich das Andenken einer Frau feierte, deren Schriften zu dem Schönsten gehören, das in deutscher Prosa jemals geschrieben worden ist."

Herman Grimm.

12. Relief-Portrait von August v. Goethe, Sohn des Dichters. Gipsabguß. Das Original von Thorwaldsen, in Marmor, befindet sich an dem Grabdenkmale A. v. Goethes auf dem protestantischen Gottesacker neben der Pyramide des Cestius in Rom.
Im Besitze der Familie v. Goethe in Weimar.

13. Schillers Büste von Dannecker, Gipsabguß.
Aus Eichlers Kunsthandlung.

14. Herders Büste, Gipsabguß.
Aus Eichlers Kunsthandlung.

15. Lessings Büste, Gipsabguß.
Im Besitze der K. Bibliothek.

16. Wielands Büste, Gipsabguß.
Im Besitze der K. Bibliothek in Berlin.

17. Zelters Büste, Gipsabguß, nach der von Rauch in Marmor ausgeführten Büste.
Im Besitze der Singakademie zu Berlin.

18. Eine Büste Joh. Friedr. Reichardts, königl. preußischen Kapellmeisters u. Salinendirectors, geb. 1752. gest. 1814.
Im Besitze des Königl. Schauspielhauses zu Berlin.

19. Beethovens Büste, Gipsabguß.
Im Besitze des Herrn E. Magnus in Berlin.

20. Der Fürst Anton Radziwill, Büste von L. Wichmann in Berlin.
Im Besitze der Singakademie in Berlin.

B. Die auf Goethe bezüglichen Schaumünzen*), Siegel, Medaillons, verkleinerte Büsten in Bronze u. a. Material.

1. Vor 1782? IOANNES WOLFGANG GOETHE Das rechtshin gewendete Brustbild mit freiem Hals, im Nacken zusammengebundenem Haar, und einem Mantel über dem Kleide Am Zipfel des Mantels steht HB.

Kehrseite. Ein zur Sonne auffliegender Adler; am Boden liegen Leier, Maske und Lorbeerzweige. Im Abschnitt steht H. BOLTSCHAUS. F. Größe 1⅜ Rheinländische Zoll. Zinn. In der Königlichen Münzsammlung. Das zweite Exemplar ist eine galvanoplastische Nachbildung.

> Da Goethe den Adelstitel nicht trägt, ist diese Schaumünze wahrscheinlich vor dem Jahre 1782 verfertigt, wo er geadelt ward. Sie ist sehr selten. Johann Heinrich Boltschauser, aus dem Thurgau gebürtig, lebte in Mannheim, und hat auch Schaumünzen auf Salomon Geßner, Bodmer, Lavater, Gellert, und andere Schriftsteller verfertigt.

2. 1824. Der rechtshin gewendete Kopf, dahinter steht GOETHE, darunter A BOVY F. 1824.

Kehrseite. Ein auffliegender Adler, welcher in den Krallen einen Lorbeerkranz hält. Größe 1½ Rheinländische Zoll. Bronze. In der Königlichen Münzsammlung.

> Der Kopf ist von sehr hohem Relief, nach der Büste von Rauch. Bovy lebt in Genf.

---

*) Von sämmtlichen Schaumünzen sind zwei Exemplare ausgelegt, um von beiden Seiten gesehen zu werden. Die in dem Besitze des Herrn Kräuter in Weimar befindlichen Doubletten von 2. 3. 4. 7. u. 8. sind verkäuflich.

der rechten Schulter hängt, im linken Arme tragend, steht zwischen Terpsichore und Melpomene, welche zusammen einen Kranz über sein Haupt halten. Melpomene, epheubekränzt, hat in der Rechten Keule und Maske, die lorbeerbekränzte Terpsichore hält im linken Arme die Lyra. Im Abschnitt steht MDCCCXXVI. Größe 1½ Rheinländische Zoll. Silber. In der Königlichen Münzsammlung.

<small>Manche Exemplare haben die Randschrift AUS DER MEDAILLEN MÜNZ ANSTALT V. G. LOOS DAN. LOOS SOHN IN BERLIN.</small>

7. 1831. J. WOLFG. GOETHE. Rechtshin gewendeter Kopf, darunter A BOVY F. 1831.

Kehrseite. Zwischen zwei Füllhörnern mit Blumen und Früchten ein Löwenkopf mit offenem Rachen, im dreiviertel Profil, linkshin; darüber (als Hauptstück der Darstellung) eine Janusherme, deren jugendlicher Kopf einen Blumenkranz, der bärtige einen Eichenkranz trägt. Ueber dieser Herme ragt ein Adler mit ausgebreiteten Flügeln hervor. Größe 1½ Rheinländische Zoll. Bronze. In der Königlichen Münzsammlung.

<small>Goethe nennt diese Medaille in einem Briefe an Zelter (Weimar 24. Nov. 31.) „eine neueste Ausgabe der Genfer Medaille, welche nicht ungeschickt, wie mich dünkt, auf meine Befreundung mit der organischen Natur hindeutet." Der Kopf ist mit dem nämlichen Urstempel geprägt, wie der auf Nr. 2, nur die Schrift ist verändert. Die Kehrseite ist die Nachbildung eines geschnittenen Steins, mit welchem Goethe oft siegelte.</small>

8. 1832. IO W. DE GOETHE NAT. D. XXVIII. AUG. MDCCXXXXIX Der lorbeerbekränzte Kopf linkshin. Am Abschnitt des Halses F. KÖNIG F. darunter G. LOOS. DIR.

Kehrseite. Der lorbeerbekränzte Dichter von einem Schwane gen Himmel getragen, die Gruppe ist links hingewendet. Goethe ist mit einem Mantel bekleidet, welcher die Brust theilweis entblößt läßt; er erhebt die Rechte, und hält in der Linken die Leier. Oben neun Sterne im Halbkreis. Unten im Kreise AD ASTRA REDIIT XXII. MART. MDCCCXXXII. Größe 1½ Rheinländische Zoll. Silber. In der Königlichen Münzsammlung.

<small>Der Kopf ist mit dem nämlichen Urstempel geprägt wie der von No. 5, nur die Schrift ist verändert.</small>

9. Ein Frankfurter Zweigulden-Stück von 1849.
FREIE STADT FRANKFURT Der gekrönte Wappenadler von Frankfurt, darunter ein Zierrat.

Kehrseite. ZU GÖTHE'S HUNDERTJÄHRIGER GEBURTSFEIER AM 28 AUGUST 1849, in einem Lorbeerkranze. Randschrift ZWEI * GULDEN *. In der Königlichen Münzsammlung.

10. Gegoſſene bronzene Schaumünze, 1816.
IOHANN WOLFGANG DE GOETHE AETATIS SUAE
LXVI ANNO. Der rechtshin gewendete Kopf.
Kehrſeite. ΑΓΩ ΦΙΛΟΝ ΜΟΙ ΠΕΓΑΣΟΥ ΠΤΕΡΟΝ Der
aufſliegende Pegaſus, linkshin. Größe 3⅜ Rheinländiſche Zoll.
<small>Im Beſitze des Herrn Dr. Julius Friedlaender in Berlin.
Dieſe Schaumünze iſt ein Werk Gottfried Schadows (vergl. Kunſtwerke und Kunſt-
anſichten, Berlin 1859 S. 150 u. f.) Unter den wenigen gegoſſenen Medaillons
welche in unſerer Zeit verfertigt worden ſind, iſt dieſes das geiſtvollſte und ge-
lungenſte; es wurde von S. in Wachs modellirt (ſ. Abth. VII.) und ein dutzendmal
in Metall gegoſſen. — Daneben dieſelbe Schaumünze, galvanoplaſtiſch nach-
gebildet. — Im Beſitze des Hrn. Sanitätsrathes Aſcherſon in Berlin.</small>

**11. Siegelabdruck mit Goethes und Schillers Bildniſſen, mo-
dellirt von Dannecker.**
<small>Im Beſitze des Herrn Referendar Lehfeld in Berlin.</small>

**12. Goethes Bildniß im Profil. Nach dem Leben in Gips mo-
dellirt von Poſch 1827.**
<small>Im Beſitze des Herrn Georg Friedländer in Berlin.</small>

13. Medaillonkaſten, verſilbertes Petſchaft, Abdrücke in Gips
und Siegellack; angefertigt von dem Galleriediener Krauſe im
Antiquarium des K. Muſeums. (Verkäuflich.)

14. Kleine bronzene Büſte Goethes von Brandt in Berlin,
nach dem Leben modellirt in Weimar 1823.
<small>Im Beſitze des Herrn Hofr. Bolzenthal in Berlin.</small>

C. Bildniſſe Goethes.

**1. Goethes Bildniß, nach dem Leben in Oel gemalt von Georg
Oswald May 1779. Original.**
<small>An der Seitenwand zur Rechten im großen Saale.
Dieſe Perle der Bildniſſe Goethes befindet ſich im Beſitze des Freiherrn v. Cotta in
Stuttgart.</small>

**2. Goethes Bildniß, lebensgroß. Oelbild, von Angelica Kauf-
mann nach dem Leben gemalt in Rom 1788.**
<small>An dem Pfeiler des Einganges innerhalb des großen Saales.
Im Beſitze der Frau Ottilie v. Goethe in Wien.</small>

**3. Goethes Bildniß, ganze Figur in liegender Stellung. Oel-
gemälde, getreue Copie nach Tiſchbein von Carl Bennert.**
<small>Im Beſitze des Bürgervereins zu Frankfurt a. M. Das Original iſt im Beſitze des
Herrn Baron Karl Meyer v. Rothſchild ebendaſelbſt.</small>

**4. Goethes Bildniß lebensgroß, in Oel gemalt von Kügelgen
in Dresden 1810.**
<small>Von Goethe an Zelter geſchenkt und gegenwärtig im Beſitze von deſſen Tochter Frl.
Roſamunde Zelter in Kronheide bei Greifenhagen.</small>

I. Büsten, Medaillen, Schaumünzen, Bildnisse ꝛc.

5. Goethes Bildniß, lebensgroß, 1820 in Oel gemalt von Kolbe in Düsseldorf.
Im Besitze des Wirkl. Geh. Ober-Regierungsraths Hrn. Dr. Joh. Schulze in Berlin.

6. Goethes Bildniß, lebensgroß, Oelbild von dem Königl. Bayrischen Hofmaler Stieler nach dem Leben gemalt in Weimar 1828.
Im Besitze Sr. Maj. des Königs Ludwig von Bayern.

7. Goethe im 73. Jahre. Brustbild in Oel, von Kolbe in Düsseldorf.
Im Besitze des Herrn Hofraths Schöll in Weimar.

8. Bildniß Goethes in Wasserfarben, verkleinerte Copie nach dem Oelgemälde von May vom Jahre 1779.
Am Pfeiler des ersten Fensters im Hauptsaale.
Im Besitze des Herrn Hofr. F. Förster in Berlin.

9. Drei Miniatur-Bildnisse:
    a. Goethe,
    b. Frau von Goethe geb. Vulpius,
    c. August von Goethe,
gemalt von Raabe in Weimar 1809 (?).
Am Pfeiler des ersten Fensters im Hauptsaale.
Im Besitze der Familie v. Goethe in Weimar.

10. Alma von Goethe, Enkelin des Dichters, Pastellbild, lebensgroß, gemalt von Frl. Seidler in Weimar 1830.
Im Besitze der Frau Ottilie v. Goethe in Wien.

11. Goethes Bildniß, lebensgroß, in Pastell. Vom J. 1806.
Im Besitze des Fräuleins Karoline Schulze in Potsdam. — Aus Zelters Nachlaß.

12. Goethe in Rom, 1787; ganze Figur, gezeichnet von J. H. W. Tischbein.
Im Besitze des Herrn Dr. G. Parthey in Berlin.

13. Profil-Portrait Goethes. Bleistiftzeichnung von C. Lavater. Unter Glas eingerahmt.

14. Vier Portrait-Köpfe Goethes aus Lavaters Physiognomik, von Lips gezeichnet und gestochen.
Im Besitze des Herrn Sal. Hirzel in Leipzig.

15. Goethes Bildniß in Oel. Wiederholung von Raabe.
Am Pfeiler des ersten Fensters im Hauptsaale.
Im Besitze des Hrn. Hofr. F. Förster in Berlin; zum Geschenk von Goethe erhalten 1815.

16. Goethes Bildniß, radirt von Chodowiecki.

17. Goethes Bildniß, nach Kolbes Gemälde in Kupfer gestochen von Knolle.

I. Büsten, Medaillen, Schaumünzen, Bildnisse ꝛc.

18. Goethes Silhouette aus dem Jahre 1792. Eingerahmt unter Glas.
Im Besitze der Freifrau E. v. Gleichen geb. v. Schiller.

19. Zwei Silhouetten: Goethes Vater und Mutter.
Im Besitze des Frl. Rosamunde Zelter in Kronheide.

20. Goethes Silhouette in Weimarischer Hofuniform (sehr selten); auf der Rückseite eine Locke von Goethes Haar vom Jahre 1820.
Im Besitze des Herrn Bibl.-Secretair Kräuter in Weimar. (Verkäuflich.)

21. 18 Portraits Goethes unter Glas aus verschiedenen Jahren von 1768 bis 1830; Kupferstiche nach Oeser, Tischbein, Meyer, Vogel, Raabe u. a.
Im Besitze des Herrn Sal. Hirzel in Leipzig.

22. Goethe, dichtend in Waldeinsamkeit, Oelgemälde von Geiger in Wien.
Im Besitze des Herrn Advocaten Elischer zu Pesth.

23. Goethes Eltern, Goethe selbst und dessen Schwester im Hintergrunde. Oelbild eines unbekannten Meisters.
Im Besitze der Frau Gisela Grimm geb. v. Arnim.

24. Goethes Bildniß nach einer Zeichnung von Jagemann in Weimar, lithographirt von Jacob in Paris.
Im Besitze des Herrn Zeune in Berlin.

24a. Goethebuch. Ein Album in Großfolio mit mehr als hundert Bildnissen Goethes.
Im Besitze des Herrn Elischer in Pesth.

Herzogl. und Großherzogl. Sachsen-Weimarische
Familienbilder.

24b. Abendgesellschaft bei der Herzogin Amalia. Die Herzogin, ihre Hofdamen v. Göchhausen und v. Wolfskeel, der vielgereiste Gore und seine beiden Töchter, Herder, v. Einsiedel, Goethe, Heinrich Meyer. Aquarelle von dem Director der Zeichenschule in Weimar, Kraus.
Im Besitze S. K. H. des Großherzogs von Weimar.

25. Amalia, Herzogin von Sachsen-Weimar, geb. Prinzessin von Braunschweig-Wolfenbüttel (geb. 1739, † 1807). Oelbild, vom Weimarischen Hofmaler Heinsius.
In demselben Besitze.

26. Ein Jugendbild derselben in Pastell.
Im Besitze des Herrn Elischer in Pesth.

27. Carl August, Großherzog von Sachsen-Weimar; geb. 1757, † 1828. Jugendbildniß in Oel, von Heinsius.
Im Besitze Sr. K. H. des Großherzogs von Weimar.

28. Luise, Großherzogin von Sachsen=Weimar, geb. Prinzessin von Hessen=Darmstadt 1757; vermählt 1775, † 1830. Brustbildniß in Oel, von Christian Tischbein in Leipzig.
In demselben Besitze.

28a. Augusta, Königin von Preußen, geb. Prinzessin von Sachsen=Weimar. Oelbildniß von Begas.
Im Besitze Ihrer Majestät der Königin.

29. Luise, Großherzogin von Sachsen=Weimar; kleines Oelbild, sitzend in ganzer Figur, von Julie Gräfin von Egloffstein.
Im Besitze Sr. K. H. des Großherzogs von Weimar.

30. Marie Luise, Prinzessin Karl von Preußen, geb. Prinzessin von Sachsen=Weimar. Oelbildniß von Begas.
Im Besitz Ihrer Königl. Hoheit der Frau Prinzessin Karl.

31. Konstantin, Prinz von Weimar, Bruder Carl Augusts; geb. 1758, † 1793. Brustbild in Oel, von Wilhelm Tischbein.
Im Besitze Sr. K. H. des Großherzogs von Weimar.

32. Carl Friedrich, Großherzog von Sachsen=Weimar; geb. 1783, † 1853. Brustbild in Oel, von G. A. Schöner.
In demselben Besitze.

33. Maria Paulowna, Großfürstin=Großherzogin; geb. 1786, † 1859. Miniatur=Kniestück, von Schramm.
In demselben Besitze.

34. Carl Alexander, der regierende Großherzog von Sachsen=Weimar; geb. 1818. Oelbildniß, lebensgroß, von dem Hofmaler Lauchert.
In demselben Besitze.

Die Befreundeten Goethes.

35. Schiller, Oelbild von Graff.
An dem Pfeiler des Einganges innerhalb des großen Saales.
Im Besitze des Herrn Hofr. F. Förster in Berlin.

36. Christ. Martin Wieland, Brustbild in Oel, von Jagemann in Weimar.
Im Besitze Sr. K. H. des Großherzogs von Weimar.

37. J. G. v. Herder, Brustbild in Kreidezeichnung, von Bury.
Im Besitze des Herrn Staatsraths Stichling in Weimar.

38. Karoline Herder, geb. Flachsland, Brustbildniß in Oel.
Im Besitze desselben.

39. Joh. Caspar Lavaters Bildniß, lebensgroß; gezeichnet von Joh. H. Lips in Zürich 1786 und gestochen von Ab. Ludw. Wirsing in Nürnberg 1787.
Im Besitze des Generaldirectors Herrn v. Olfers in Berlin.

I. Büsten, Medaillen, Schaumünzen, Bildnisse ꝛc.

40. Joh. Christian Kestner (Albert in Werthers Leiden) Portrait. Steinzeichnung.

41. Charlotte Kestner, geb. Buff; nach der Originalzeichnung von August Kestner copirt von G. Laves.
Im Besitze des Herrn Archivraths Kestner in Hannover.

42. Dieselbe. Nach einem Portrait von Schröder lithographirt von Giere.

43. Charlotte v. Stein. Silberstiftzeichnung von Doris Stock. a. d. J. 1796. Eingerahmt unter Glas.
Im Besitze der Freifrau E. v. Gleichen geb. v. Schiller.

44. Lilli Schönemann.
Im Besitze des Herrn C. Jügel in Frankfurt a. M.

45. Eine Kreidezeichnung von Lilli, das Bildniß ihrer Mutter.
Im Besitze desselben.

46. Lilli Schönemann, Copie nach No. 44.
Im Besitze des Herrn Hofr. F. Förster in Berlin.

47. a. b. Geh. Rath v. Willemer und dessen Gattin. Zwei Oelbildnisse.
Im Besitze der Familie v. Goethe in Weimar.

48. Corona Schröter, Brustbildniß in Oel, v. Chr. Tischbein.
Im Besitze Sr. K. H. des Großherzogs von Weimar.

49. Dieselbe. Getuschtes Blatt, Bildniß in ganzer Figur, sitzend, von Kraus, 1791.
Im Besitze des Herrn Geh. Medizinalraths Dr. Froriep in Weimar.

50. Portrait der Corona Schröter, von ihr selbst gezeichnet.
Im Besitze des Herrn Dr. Wilh. Hemsen zu Cöln.

51. Caroline v. Wolzogen geb. v. Lengefeld, in Weimar, gemalt von Steuben in Paris. 1808.
Im Besitze der Freifrau E. v. Gleichen geb. v. Schiller.

52. Hildebrand v. Einsiedel, Kammerherr, Oberhofmeister, Appellationsgerichts-Präsident, geb. 1750 † 1828. Kniestück in Oel, von Schmeller.
Im Besitze Sr. K. H. des Großherzogs von Weimar.

53. C. Ludw. v. Knebel, geb. 1744, † 1834. Brustbild in Oel, von Schmeller.
Im Besitze des Herrn Hofraths Dr. Schöll in Weimar.

54. Heinrich Meyer, Director der Kunstschule in Weimar, geb. 1760 in Zürich, † 1832. Kniestück in Oel, vom Prof. H. Müller in Weimar.
Im Besitze Sr. K. H. des Großherzogs von Weimar.

55. Fernow, Professor und Bibliothekar in Weimar; geb. 1763 in der Ukermark, † 1808. Brustbild in Pastell, von Johanna Schopenhauer.
In demselben Besitze.

56. Friedrich Justin Bertuch, geb. 1747, † 1822, Legationsrath, Gründer des Industrie-Comtoirs in Weimar.
Im Besitze des Herrn Geh. Medizinalraths Dr. Froriep in Weimar.

57. Geh. Hofrath Riemer in Weimar; Silhouette.
Im Besitze des Herrn Bibl. Secr. Dr. C. Kräuter in Weimar.

58. Rath und Bibliothekar Kraeuter, langjähriger Privat-Secretair Goethes. Zeichnung von Pecht.
Im Besitze desselben.

59. Eckermann, Großherzogl. Hofrath, Brustbild, Bleistift-Zeichnung von seinem Sohne Karl Eckermann.

II.
Handschriften.

1. Lieder mit Melodien. Mademoiselle Friederiken Oeser gewidmet von Goethen. Von fremder Hand geschrieben. Ein Heft von 11 Blättern in kl. folio.
Im Besitze des Herrn Sal. Hirzel in Leipzig. — Aus dem Nachlasse der Friederike Oeser, der es G. geschenkt hatte, wie er in der poetischen Epistel an sie vom 6. Nov. 1768 (Werke Bd. 6, S. 56 flgg.) selbst sagt. Darin 10 Lieder, von denen 9 mit geringen Abweichungen in Text und Melodie im Jahre 1770 bei Breitkopf in Leipzig gedruckt erschienen. — Vollständig mitgetheilt in: Jahn, G.'s Briefe Seite 177 u. folgg.

2. Die Mitschuldigen, ein Lustspiel in drey Aufzügen. 1769. Ganz von Goethes Hand geschrieben. Ein Band von 79 Blättern in 4to.
Im Besitze des Herrn Sal. Hirzel in Leipzig — Aus dem Nachlasse der Friederike Brion in Sesenheim. Auf dem Vorsatzblatte steht der Name „Brion".

3. Iphigenia auf Tauris, in Prosa. Von fremder Hand geschrieben. 45 Blätter 4to.
Von Goethe an Knebel geschenkt, jetzt im Besitze der Königl. Bibliothek zu Berlin.

4. Erwin und Elmire, ein Singspiel. Manuscript der metrischen Bearbeitung des Stückes. Ganz von Goethes Hand. 28 Blätter 4to.
(Verkäuflich.)

5. Egmont, ein Trauerspiel in fünf Aufzügen. Ganz von Goethes Hand. 82 Blätter kl.-fol.
<small>Im Besitze der Königl. Bibliothek zu Berlin.</small>

6. Manuscript des siebenten Buches von Wilhelm Meisters Lehrjahren, von der Hand des Abschreibers, jedoch mit vielen eigenhändigen Correcturen und Zusätzen Goethes. in 4to.
<small>Im Besitze der Freifrau E. von Gleichen gebornen v. Schiller.</small>

7. Scene aus dem ersten Theil des Faust: Nacht. Straße vor Gretchens Thüre. Valentin. „Wenn ich so saß bey e'm Gelag" u. s. w. Ganz von Goethes Hand. 5 Blätter 4to. (1800).
<small>Im Besitze der Königl. Bibliothek zu Berlin.</small>

8. Brocken-Scene des Faust: Faust, Meph. Irrlicht im Wechselgesang. „In die Traum und Zaubersphäre" u. s. w. bis „Denn Perseus hats ihr abgeschlagen." Ganz von Goethes Hand und ohne Censur-Lücken. 10 Blätter 4to. Mit den Daten 5. Nov. 1800, 8. und 9. Febr. 1801.
<small>Im Besitze der Königl. Bibliothek zu Berlin.</small>

9. Goetz von Berlichingen, für das Theater bearbeitet im Jahre 1804. 100 Blätter, einschließlich Vorblatt und Titel. 4to.
<small>Dreizehn Seiten sind ganz von Goethes Hand geschrieben, die übrigen vom Schreiber, mit vielfachen eigenhändigen Einschaltungen und Bemerkungen Goethes. — Im Besitze des Herrn Walther v. Goethe in Weimar.</small>

10. Maskenzug im December 1818 (s. Drucke No. 147). 47 Blätter 4to.
<small>35 Blätter von Goethes eigner Hand, die übrigen mit seinen Correcturen. Das Manuscript enthält viel Geändertes, Eingeschaltetes, und über den einzelnen Abtheilungen die Namen der darstellenden Personen. — Im Besitze desselben.</small>

---

11. Gedicht an Kestner, vor ein diesem geschenktes Exemplar des Deserted village by Dr. Goldsmith von G. geschrieben (1773). Gedruckt in: Kestner, Goethe u. Werther No. 138.
<small>Im Besitze des Herrn Archivrath Kestner in Hannover.</small>

12. Das Gedicht, Wanderers Sturmlied: „Wen du nicht verlässest Genius" (Werke. Bd. 2. S. 54). Einschluß eines Briefes an Friedr. Heinr. Jacobi, dat. 31. Aug. (1774). Eigenhändig. 7 Seiten 8vo. Der Brief u. das Gedicht, letzteres durch Verwechselung von Brieflagen in zwei Stücken, sind gedruckt in: Briefwechsel zwischen Goethe u. F. H. Jacobi S. 37 u. S. 3 u. folgg.
<small>Im Besitze des Herrn Alb. Cohn in Berlin.</small>

13. Gedicht: Prometheus „Bedecke deinen Himmel Zeus" (Werke. Bd. 2. S. 62). Eigenhändig. 3 Seiten 8vo.
<small>Im Besitze des Herrn Sal. Hirzel in Leipzig.</small>

14. Lied des Physiognomischen Zeichners. „O daß die innre Schöpfungskrafft" (Werke Bd. 2. S. 178). 1 Seite 4to. Auf der Rückseite, Brief an Lavater. Eigenhändig. Gedruckt in: Briefe von G. an Lavater S. 29.

<small>Im Besitze desselben. — Das Gedicht erschien zuerst mit dem Datum d. 19. April 1775 in Lavaters Physiognomik Th. 1.</small>

15. Gedicht: Philomele (Werke Bd. 1. S. 214). Eigenhändig. 1 Quer-Octavblättchen.

<small>Im Besitze desselben. — Das Gedicht lautet hier, wie in den Werken. In älterer Form schickte es G. im Mai 1782 an Frau v. Stein. s. Briefe Th. 2 S. 208.</small>

16. Gedicht: Versuchung (Werke. Bd. 1. S. 215). Eigenhändig. 1 Bl. 4to.

<small>Im Besitze des Herrn v. Loeper in Berlin.</small>

17. Gedicht: Abschied an den Herzog im Nahmen der Engelhäuser Bäuerrinnen. Carlsbad 1786 (Werke. Bd. 6. S. 44). Eigenhändig. 1 Bl. 4to.

<small>(Verkäuflich.) — Der in den Werken gegen Ende des Gedichts mit Punkten angedeutete Name lautet nach der Handschrift „Gurofsky", wahrscheinlich der vom König Friedrich Wilhelm II. im J. 1787 gegrafte Kastellan Raphael v. Gurowsky zu Kalisch.</small>

18. Gedicht: Morgen-Klagen (Werke. Bd. 2. S. 78). Mit dem Briefe vom 31. Octob. 1788 an Jacobi geschickt. Eigenhändig. 4 Seiten 4to.

<small>Im Besitze des Herrn Alb. Cohn in Berlin.</small>

19. Elegie: Das Wiedersehn (Werke. Bd. 1. S. 260). Eigenhändig. 2 Seiten 4to.

<small>Im Besitze des Herrn Sal. Hirzel in Leipzig.</small>

20. Gedicht: Trost in Thränen. „Wie kommts, daß du so traurig bist" (Werke. Bd. 1. S. 69). Undatirt. Eigenhändig. 2 Seiten 4to.

<small>Im Besitze des Herrn Geh. Ob.-Justiz-R. Friedlaender in Berlin, an dessen Vater G. dieses Gedicht, so wie auch Nr. 22, sandte. Vergl. Briefw. mit Zelter. Th. 1. S. 350.</small>

21. Epilog zu Schillers Glocke (Werke. Bd. 6. S. 423). Zehn Strophen von Goethes Hand. Dazu das Titelblatt von fremder Hand.

<small>Es sind die ersten 11 Strophen des Gedichtes, mit Ausschluß der 6ten, so daß außer dieser die Strophen 12 u. 13, welche 1810 und 1815 hinzugedichtet wurden, fehlen. Der Text des Gedichtes ist hier in der ursprünglichen Fassung des Jahres 1805, in welcher die Schluß-Strophe (jetzt die drittletzte) endet:</small>

<small>„Doch jetzt empfindet sein verklärtes Wesen
Nur Einen Wunsch, wenn es hernieder schaut.
O! möge doch den heilgen, letzten Willen
Das Vaterland verstehen und erfüllen."</small>

<small>(Verkäuflich.)</small>

22. Gedicht: „Ich hab mein Sach auf nichts gestellt" (Werke Bd. 1. S. 105). Undatirt. Eigenhändig. 1 Seite folio.
<small>Im Besitze des Herrn Geh. Ob.-Justiz-R. Friedlaender in Berlin.</small>

23. Gedicht: „Zu unsres Lebens oftgetrübten Tagen
Gab uns ein Gott Ersatz für alle Plagen,
Daß unser Blick sich himmelwärts gewöhne,
Den Sonnenschein, die Tugend und das Schöne."
Datirt: Jena, d. 5. Oct. 1806. Goethe. Eigenhändig.
<small>Im Besitze des Herrn Alb. Cohn in Berlin. — Nicht in den Werken. Gedruckt bisher nur in Herrigs Archiv. Bd. 26. Heft 1. 1859.</small>

24. Sonett: Mächtiges Ueberraschen (Werke. Bd. 2. S. 3). Eigenhändig, mit Correcturen. 1 Bl. 4to.
<small>(Verkäuflich).</small>

25. Sonett: „Du siehst so ernst, Geliebter" (Werke. Bd. 2. S. 5). Eigenhändig. Datirt: d. 6. Dec. 1807.
<small>Im Besitze des Herrn Sal. Hirzel in Leipzig.</small>

26. Sonett: Abschied. (Nr. VII.) „War unersättlich nach viel tausend Küssen." (Werke. Bd. 2. S. 7. Mit der Ueberschrift: „Trennung" und der Nummer V). Eigenhändig.
<small>Im Besitze des Herrn v. Loeper in Berlin.</small>

27. Sonett: „Ich zweifle doch am Ernst verschränkter Zeilen" (Werke. Bd. 2. S. 13). Eigenhändig.
<small>(Verkäuflich).</small>

28. Sonett: Charade. „Zwey Worte sind es, kurz, bequem zu sagen." (Werke. Bd. 2. S. 15.) Eigenhändig.
<small>(Verkäuflich).</small>

29. Gedicht: An Madame Wolf, zum 10ten Dec. 1812. Darunter die Initialen: „C. V." und „A. G." (Werke, Bd. 6, S. 77.) 1 Bl. 4to.
<small>Im Besitze der Frau Birchpfeiffer in Berlin. — Eingerahmt.</small>

30. Gedicht: Gegenwart. „Alles kündet dich an." (Werke. Bd. 1. S. 49.) Eigenhändig. 1 Bl. 4to.
<small>Im Besitze des Herrn v. Loeper in Berlin. — Die Veranlassung zu diesem Gedichte gab ein Gesangvortrag in G.'s Hause, indem G. der Melodie eines Liedes, dessen Text ihm mißfiel, diesen Text unterlegte, und das Gedicht, wie es hier vorliegt, auf die Rückseite eines Briefcouverts schrieb.</small>

31. Gedicht: Im Vorübergehen. „Ich ging im Felde." (Werke. Bd. 2. S. 107.) Eigenhändig. 1 Bl. Fol.
<small>Im Besitze desselben.</small>

32. Gedicht: Die wandelnde Glocke. (Werke. Bd. 1. S. 178.) Datirt: Töplitz, d. 22. May 1813. Eigenhändig. 2 Seiten. 4to.
<small>Im Besitze des Fräuleins Caroline Schulze in Potsdam.</small>

33. Gedicht: „Auf schweres Gewitter und Regenguß." (Werke. Bd. 2. S. 219, unter dem Titel: Regen und Regenbogen) Eigenhändig. Datirt: W. d. 3. Nov. 1813. 2 Seiten. 4to.

<small>Voran steht von Goethe's Hand eine „Fabel" von Haug: „Der Irisbogen rief verwegen" (aus dem Morgenblatt 1813 No. 270). Das hierauf folgende Goethe'sche, in den Werken als „Palinodie" (No. 3) bezeichnete Gedicht hat hier die Ueberschrift: „Gegenfabel". — Die Handschrift ist deswegen interessant, weil aus derselben die bisher unbekannt gebliebene Beziehung des Gedichtes „Regen und Regenbogen" auf die Haug'sche Fabel, und zugleich die Zeit der Entstehung erhellt. Auch die vorhergehende Palinodie (No. 2) „Geist und Schönheit im Streit" scheint sich auf Haug zu beziehen, wenigstens verweist Musculus unter dem Worte „Haug" auf das Gedicht und den darin vorkommenden „Herr Hauch." —
Im Besitze des Königl. Musikdirectors Herrn Jähns in Berlin.</small>

34. Reimspruch: „Wie einer ist, so ist sein Gott" 2 Zeilen. (Werke. Bd. 3. S. 80.) Dat. Berka, 21. Jun. 1814. Eigenhändig.
<small>Im Besitze desselben.</small>

35. Gedicht: „Auf diesen Trümmern hab' ich auch gesessen." (Werke. Bd. 6. S. 127.) Zum Bildchen: „Ruine Hanstein." Weimar 17. May 1815. Eigenhändig.
<small>Im Besitze des Herrn v. Loeper in Berlin. Die Angabe in den Werken „Ruine Pleß" scheint auf einem Irrthume zu beruhen.</small>

36. Verse aus dem westöstlichen Divan. Vezir. „der gute Mann hat wenig begehrt" (Werke. Bd. 4. S. 70.) 3 Zeilen. Datirt 12. Jan. 1816. Eigenhändig.
<small>Im Besitze des Königl. Musikdirectors Herrn Jähns in Berlin.</small>

37. Gedicht aus dem westöstlichen Divan: „Du kleiner Schelm du" 7 Verse. (Werke, Bd. 4, S. 118.) Eigenhändig.
<small>Im Besitze des Herrn v. Loeper in Berlin.</small>

38. Reimspruch: Bekänntniß heißt nach altem Brauch
Geständniß, wie man's meynt,
Man rede frey und wenn man auch
Nur zwey und drey vereint.
Jena, den 15. Juli 1817. Eigenhändig. Ungedruckt.
<small>Im Besitze desselben. — Diese Verse folgen auf Bemerkungen in Prosa von Goethes Hand: Bekänntnisse über die Erzinger, besonders die Gänge. 2 Seiten fol.</small>

39. Gedicht: Eine Schachtel Mirabellen. (Werke, Bd. 6, S. 96.) 9 Zeilen. Dat. 2. April 1819. Eigenhändig. 1 Seite. 4to.
<small>(Verkäuflich.)</small>

40. Gedicht: „Reise-Seegen, Julien v. Egloffstein. „Sey die Zierde des Geschlechts!" 6 Zeilen. (Werke. Bd. 6. S. 103.) Eigenhändig, mit darauf geklebter voller Namensunterschrift des Dichters. Dat. W. d. 4. Juni 1819.
<small>Im Besitze des Herrn v. Loeper.</small>

41. Gedicht an Fr. Förster. „Als an der Elb' ich die Waffen ihm segnete" 10 Zeilen. (Werke. Bd. 6. S. 84.) Eigenhändig. Dat. Jena, 27. Sept. 1820. 1 Bl. 4to.
<small>Im Besitze des Herrn Hofr. F. Förster in Berlin.</small>

42. Ein Exemplar der ersten Ausgabe der Wanderjahre, von Goethe an Frau v. Willemer geschenkt.
<small>Das Exemplar war mit einem dem Fräulein Adele Schopenhauer gewidmeten verwechselt worden. G. richtete darauf an Frau v. W. die hier eigenhändig beiliegenden Verse: „Wer hat's gewollt, wer hat's gethan" (Werke. Ausg. letzter Hand Bd. 4 S. 150), mit der doppelten Datirung: 12. Juni und 12. Juli 1821. — Im Besitze des Herrn Herman Grimm in Berlin.</small>

43. Reimspruch: „Welch hoher Danck ist Dem zu sagen." 4 Zeilen. (Werke. Bd. 6. S. 132.) Eigenhändig. Dat. Weimar, 23. Juli 1824.
<small>Im Besitze des Königl. Musikdirectors Herrn Jähns in Berlin.</small>

44. Gedicht auf das Jubiläum des Geh. Rath Schellhorn. (Werke. Bd. 6. S. 135.) Eigenhändig mit Bleistift. Dat. Weimar d. 3. Dec. 1824.
<small>Im Besitze desselben.</small>

45. Gedicht: „Wie aber kann sich Hans von Eyk" 8 Zeilen. (Werke. Bd. 2. S. 190) Eigenhändig.
<small>Im Besitze des Herrn Elischer in Pesth.</small>

46. Gedicht: Widmung: „Deine Werke, zu höchster Belehrung" 4 Zeilen (Werke. Ausg. letzter Hand. Bd. 47, S. 243.) Eigenhändig.
<small>Im Besitze des Herrn v. Loeper in Berlin.</small>

47. Reimspruch: „Verfahre ruhig, still" 4 Zeilen. (Werke. Bd. 3. S. 111.) Eigenhändig.
<small>Im Besitze desselben.</small>

48. Reimspruch: „Komm her, wir setzen uns zu Tisch" 4 Zeilen. (Werke. Bd. 3. S. 102.) Eigenhändig.
<small>Im Besitze des Herrn Friedrich Förster in Berlin.</small>

49. Reimspruch: „Ihr Gläubigen rühmt nur nicht euren Glauben" 4 Zeilen. (Werke. Bd. 3. S. 126.) Eigenhändig.
<small>(Verkäuflich.)</small>

50. Reimspruch: „Jeder solcher Lumpenhunde" 4 Zeilen. (Werke. Bd. 3. S. 102.) Eigenhändig.
<small>(Verkäuflich.)</small>

51. Zwei Reimsprüche: „Wer Wissenschaft und Kunst besitzt" 4 Zeilen (Werke. Bd. 3. S. 127). — Und: „Du sagst gar wunderliche Ding!" 4 Zeilen (Werke. Bd. 3. S. 87). Eigenhändig.
<small>Im Besitze des Königl. Musikdirectors Herrn Jähns.</small>

52. Gedicht: „Bleibe das Geheimniß theuer", 4 Zeilen. (Werke. Bd. 6. S. 176.) Eigenhändig. Dat. Weimar den 3. Sept. 1826. Zu einem illum. Bildchen: Genius, die Büste der Natur enthüllend.
Im Besitze der Königl. Bibliothek zu Berlin.

53. Gedicht: „Von Gott dem Vater stammt Natur." S. Dante XI. 98. Eigenhändig. Datirt: Weimar August 1826.
Auf das Vorsatzblatt eines Exemplars von: Manzoni Adelchi geschrieben, welches G. an Streckfuß schenkte. Goethe erwähnt die in diesem Gedichte paraphrasirte Stelle des Dante (Inferno XI 97—105) in der Besprechung des Jacobischen Briefwechsels (Werke. Bd. 32 S 341), wo auch das Gedicht abgedruckt ist. — Im Besitze des Herrn Dr. Streckfuß in Berlin.

54. Gedicht: „Was der Dichter diesem Bande" (Werke. Bd. 6. S. 132). Weimar den 31. März 1827. Mit eigenhändiger Unterschrift.
Beigefügt einem Pracht-Exemplare der Iphigenie, von G. dem Schauspieler Krüger geschenkt, mit der Inschrift: Herrn Krüger, dem bewunderungswürdigen Orest. Weimar, d. 31. März 1827. — Im Besitze des Herrn Krüger in Berlin.

55. Ein Album der Gräfin Caroline Egloffstein, Geschenk Goethes, mit dem Römischen Hause im Park bei Weimar (der Sommerwohnung des Großherzogs Carl August) auf der Vorderseite, und mit der von Goethe gebauten Einsiedelei ebendas. genannt das Kloster, auf der Rückseite des Einbandes.
Darin folgende Gedichte von Goethes Hand:
  a) Widmungsgedicht: „Lina, dir zum neuen Jahr." 1. Jan. 1828. (Werke. Bd. 6. S. 109).
  b) Zur Erklärung der Vorderseite; „Römisch mag man's immer nennen." (Werke. Bd. 6. S. 109).
  c) Zur Erklärung der Rückseite; „Der's gebaut vor funfzig Jahren." (Werke. Bd. 6. S. 110).
  d) Das Gedicht: „Was dem Auge dar sich stellet." Jena d. 17. May 1817. (Werke. Bd. 6. S. 109).
  e) Die Strophe aus dem 2ten Theil von Faust: „Keinen Blumenflor beneid' ich." Weynachten 1827. (Werke. Bd. 12. S. 23).
  f) Vier bisher ungedruckte Reimzeilen, bei der Abreise der Gräfin nach St. Petersburg und Rücksendung von Fouqués Zauberring.
> Ein Zauber wohl ziehet nach Norden,
> Doch halten die Ringe wir fest,
> Heil dir, die im eisigen Norden
> Nicht Wärme der Heimath verläßt!!

In dem Album befindet sich auch ein Bildniß von Goethes Mutter.

56. Gedicht: „Und wenn mich am Tag die Ferne" (Werke. Bd. 6. S. 89). Mit der Unterschrift: Erneuert. Weimar, den 14. August 1830. Goethe. Eigenhändig. 1 Bl. 4to.
Im Besitze des Herrn Alb. Cohn in Berlin. — Die Verse erschienen in dieser Form zuerst in dem Weimarischen Journal Chaos, 1831. In der ursprünglichen Form, in welcher beide Strophen im Anschluß an die in den Werken Bd. 6 S. 174 ab-

gedruckte vierzeilige Strophe: „Zwischen Oben, zwischen Unten", also als ein
dreistrophiges Gedicht, zu dem Bilde eines über der Erdkugel schwe-
benden Genius, am 23. December 1826 in das Stammbuch des Grafen Moritz
Brühl geschrieben waren, ist das Gedicht zuerst in Gruppes Musenalmanach
auf 1852 gedruckt worden.

57. In Erwiederung eines gestickten Pantoffel-Paares, zum 28. August 1831: „Dem heiligen Vater pflegt man." 6 Zeilen. Eigenhändig. 1 Quer-Octavblättchen. (An Frl. J. v. Pappenheim.) Nicht in den Werken. Gedruckt in: Norddeutsche freie Presse. Altona 1849 und in den Blätt. für lit. Unterh. 1850. S. 4.
Im Besitze des Herrn Sal. Hirzel in Leipzig.

58. Gedicht: Ein Füllhorn von Blüten,
Ein zweytes von Früchten,
Wie möcht' ich gemüthlich
Zum Feste sie richten!
Doch saust ein Gestöber
In Lüften so wild;
Wo alles erstarret,
Genieße das Bild!
Begrüße die Bilder!
Sie gingen voran,
Und andere folgen —
So fort und fortan!

Zeltern. Goethe. Zum 11. Dec. 1831.
Im Besitze des Fräulein Rosamunde Zelter in Kronenheide. — Hier zum ersten Male abgedruckt.

59. Reimspruch: Bürgerpflicht. Weimar, 6. März 1832. „Ein jeder kehre vor seiner Thür." 4 Zeilen. Eigenhändig. Blättchen von Rosapapier. Gedruckt in Facsimile im Weimarischen Album, zum 28. August 1849.
Im Besitze des Herrn Sal. Hirzel in Leipzig.

60. Stammbuchvers:
Fromme Wünsche, Freundes Wort,
Waltet in dem Büchlein fort!
Weimar, den 7. März 1832. Eigenhändig. Ungedruckt.
Im Besitze des Herrn v. Loeper in Berlin.

61. Der Spruch: Scientia infinita est; Sed qui Symbola animadverterit omnia intelligit, licet non omnino. Weimar, den 14. August 1817. G. Stammbuchblättchen. Eigenhändig.
Im Besitze des Ingen.-Hauptmanns Herrn Schulz in Potsdam.

62. Englisches Volkslied: „There was a jolly Miller once." 8 Zeilen, von Goethes Hand geschrieben.
Im Besitze des Fräuleins Caroline Schulz in Potsdam.

63. Ein Quartblatt, auf beiden Seiten mit Bleistift beschrieben. Auf der einen Seite, Entwurf des Gedichtes: Der Bräutigam (Werke. Bd. 2. S. 88). Auf der andern Seite 4 Strophen des Lynceus aus dem 2. Theile des Faust. (Werke, Bd. 12, S. 195.)
<small>Im Besitze des Herrn Sal. Hirzel in Leipzig.</small>

64. Ein Folioblatt, auf beiden Seiten theils mit Tinte theils mit Bleistift beschrieben. Entwürfe zu Scenen im 2ten Theile des Faust. (Werke. Bd. 12. S. 279. 280.)
<small>Im Besitze desselben.</small>

65. Stellen aus der Schlußscene des 2ten Theils des Faust, theils von Goethe mit Bleistift, theils vom Schreiber mit Tinte geschrieben. 2 Bl. fol.
<small>Im Besitze des Herrn v. Loeper in Berlin.</small>

66. Eigenhändiges Blatt Goethes, ein Schema zu einer Gedächtnißfeier Schillers enthaltend. 1 Seite 4to. Ungedruckt.
<small>In einem beigelegten Briefe Zelters vom 27. October 1808, an den Stadtrath David Friedlaender, heißt es: „Unterdessen sende ich das anfolgende Blatt. Es enthält eine Anordnung zu einer Gedächtnißfeier für den Freund Schiller und kann Freunden dadurch merkwürdig werden. Goethe schrieb dies Blatt vor drey Jahren in Lauchstädt, in meiner Gegenwart, als eine bloße Notiz für mich, indem ich zu diesem Werke den musikalischen Theil besorgen sollte. Ich hatte mich schon in die Arbeit hineingethan. Was Goethe gemacht hatte, weiß ich nicht, doch dieser ward recht gefährlich krank. Das Vaterland, welches (beiher gesagt) in dem Stücke eine große breite Figur geben sollte, kam endlich dahin wo es eben ist; es mußte Bonis cediren und von Katz' und Hunden fressen sehn, was es seinen Helden und seinen Weisen nicht hatte gönnen wollen. So zerschlug sich diese Sache, die nun wohl, wenigstens auf diese Art nicht in Erfüllung gehn wird." — Im Besitze des Herrn Geh. Ob.-Justiz-R. Friedlaender in Berlin.</small>

67. Epochen deutscher Literatur 1750—1820. (Werke. Bd. 32. S. 423.) Eigenhändig. 1 Bl. fol.
<small>Im Besitze des Herrn Alb. Cohn in Berlin.</small>

68. Personenverzeichniß einer romantischen Dichtung, von Goethes Hand. 1 Bl. fol.
<small>Im Besitze des Herrn v. Loeper in Berlin.</small>

69. Entwürfe u. Andeutungen. Ein Foliobogen von G.s Hand.
<small>Im Besitze desselben. — Disposition zu einem neuen Hefte von Kunst und Alterthum, aus der Mitte der 20ger Jahre.</small>

70. Ein Folioblatt, mit eigenhändigen deutschen, lateinischen, griechischen und hebräischen Notaten Goethes.
<small>Im Besitze desselben.</small>

71. Brief Riemers vom 13. Dec. 1813 an Goethe, mit eigenhändigen Bemerkungen des Letzteren.
<small>Im Besitze desselben. — Betrifft den 3ten Theil von Wahrheit und Dichtung. Riemer macht Vorschläge über den Styl dieses Werkes, welche G. größtentheils annimmt.</small>

72. Zwei Aufsätze Goethes, von Riemers Hand, über bei Köstritz aufgefundene metallene Instrumente. Jena, den 27. Sep-

tember 1809 und Jena, den 14. März 1810. 2 Bogen fol. Gedruckt in Vulpius Curiositäten. (Nicht in den Werken.)
Im Besitze desselben.

73. Ein Aufsatz von Goethes Hand über den Granit. Aus der ersten Weimarschen Zeit. 2 Bogen fol. Ungedruckt.

Darin die Stelle: „Und so wird Jeder, der den Reiz kennt, den natürliche Geheimnisse für den Menschen haben, sich nicht wundern, daß ich den Kreiß der Beobachtungen, den ich sonst betreten, verlassen und mich mit einer recht leidenschaftlichen Neigung in diesen gewandt habe. Ich fürchte den Vorwurf nicht, daß es ein Geist des Widerspruchs sein müsse, der mich von Betrachtung und Schilderung des menschlichen Herzens, des innigsten, mannichfachsten, beweglichsten, veränderlichsten, erschütterlichsten Theiles der Schöpfung zu der Beobachtung des ältesten, festesten, tiefsten, unerschütterlichsten Sohnes der Natur geführt hat. Denn man wird mir gerne zugeben, daß alle natürlichen Dinge in einem genauen Zusammenhange stehn, daß der forschende Geist sich nicht gerne von etwas Erreichbarem ausschließen läßt. Ja man gönne mir, der ich durch die Abwechselungen der menschlichen Gesinnungen, durch die schnellen Bewegungen derselben in mir selbst und in andern manches gelitten habe und leide, die erhabene Ruhe die jene einsame stumme Nähe der großen leise sprechenden Natur gewährt, und wer davon eine Ahndung hat folge mir.

Mit diesen Gesinnungen nähere ich mich euch ihr ältesten würdigsten Denkmäler der Zeit. Auf einem hohen nackten Gipfel sitzend und eine weite Gegend überschauend kann ich mir sagen: Hier ruhst du unmittelbar auf einem Grunde, der bis zu den tiefsten Orten der Erde hinreicht, keine neuere Schicht, keine aufgehäufte, zusammengeschwemmte Trümmer haben sich zwischen dich und den festen Boden der Vorwelt gelegt, du gehst nicht wie in jenen fruchtbaren schönen Thälern über ein anhaltendes Grab, diese Gipfel haben nichts Lebendiges erzeugt und nichts Lebendiges verschlungen, sie sind vor allem Leben und über alles Leben. In diesem Augenblicke, da die inneren anziehenden und bewegenden Kräfte der Erde gleichsam unmittelbar auf mich wirken, da die Einflüsse des Himmels mich näher umschweben, werde ich zu höheren Betrachtungen der Natur hinauf gestimmt, und wie der Menschengeist alles belebt, so wird auch ein Gleichniß in mir rege, dessen Erhabenheit ich nicht widerstehen kann. So einsam, sage ich zu mir selber, indem ich diese ganz nackten Gipfel hinabsehe und kaum in der Ferne am Fuße ein geringwachsendes Moos erblicke, so einsam, sage ich, wird es dem Menschen zu Muthe, der nur den ältesten, ersten, tiefsten Gefühlen der Wahrheit seine Seele öffnen will. Ja er kann zu sich sagen: hier auf dem ältesten ewigen Altare, der unmittelbar auf die Tiefe der Schöpfung gebaut ist, bring ich dem Wesen aller Wesen ein Opfer. Ich fühle die ersten festesten Anfänge unseres Daseyns, ich überschaue die Welt, ihre schrofferen und gelinderen Thäler und ihre fernen fruchtbaren Weiden, meine Seele wird über sich selbst und über Alles erhaben und sehnt sich nach dem näheren Himmel."

Im Besitze des Herrn v. Loeper in Berlin.

74. Ein Aufsatz von Goethes Hand über Granitgebürge. 1 Bogen fol. Ungedruckt.
    Im Besitze desselben.

75. Ein Aufsatz von Goethes Hand über Erdbildung. 4 S. fol. Ungedruckt.
    Im Besitze desselben.

76. Ein Aufsatz von Goethes Hand über die Form des Unorganischen. 3 Seiten fol. Ungedruckt.
    Im Besitze desselben.

77. Ein Octavheft von 10 Folien, von Goethes Hand überschrieben: „Verzeichniß verschiedener Gebürgs- und anderer Steinarten, welche ich auf der italiänischen Reise 1786, 87 und 88 gesammelt."
    Von Goethes Hand: „Zur Naturgeschichte des Bologneser Schwerspats" 1½ Seite und: „Verzeichniß Sicilianischer Steinarten" 4 Seiten. Von fremder Hand: Die Steinarten von Insbruck bis Oricoli 3 Seiten. Vulcanische Producte aus der Nachbarschaft von Rom, 2 Seiten. Vulcanische Producte von dem Vesuv, von Ischia u. s. w. 3 Seiten. — Im Besitze desselben.

78. Ein Octavheft von 18 Blättern, mit eigenhändigen geognostischen Notaten Goethes.
    Im Besitze desselben.

79. Ein Heft in blauem Umschlage, von Goethes Hand: „Zur Geologie. Notirtes und Gesammeltes auf der Reise, vom 16. Juni bis zum 29. August 1822."
    Vergl. Werke. Bd. 40 S. 272. — Das dictirte und von G. corrigirte Tagebuch vom 1. bis 18. Aug. 1822. Biographisch interessant. Ungedruckt. — Im Besitze desselben.

80. Ein Folioheft in blauem Umschlage, von Goethes Hand: Zur Geologie. November 1829.
    Darin zum Theil Gedrucktes (Werke Bd. 40 S. 273). Das Meiste ungedruckt. Fol. 3 über Werners Lehre: „Jede Veränderung theoretischer Ansichten über Naturgegenstände muß aus einer höheren philosophischen Ansicht beurtheilt werden" u. s. w. vom 3. Nov. 1829. Fol. 4 über Induction. — Im Besitze desselben.

81. Eigenhändiges Manuscript Goethes: „Vergleichs-Vorschläge, die Vulkanier und Neptunier über die Entstehung des Basalts zu vereinigen." 4 Seiten fol. Ungedruckt.
    Im Besitze desselben.

82. Ein von Goethe, als dem Vorsitzenden der Weimarischen Bergwerks-Commission, aufgenommenes eigenhändiges Protokoll, Weimar, den 12. April 1791. 4 Seiten fol.
    Im Besitze desselben.

83. Rescript der Fürstl. Sächs. Kriegscommission. Weimar, 8. Febr. 1781. Unterzeichnet von Goethe. 1 Blatt fol.
    Im Besitze des Herrn Sal. Hirzel in Leipzig.

II. Handschriften.

84. Ein Bestellzettel Goethes für die Jenaische Bibliothek. 23. August 1828.
> Im Besitze des Herrn Buchh. Stargardt in Berlin.

---

85. Briefe Goethes an Knebel, vom 13. Febr. 1774 bis zum 23. Oct. 1831. Herausgegeben (von Guhrauer) Leipzig 1851, 2 Thle.
> Im Besitze der Königl. Bibliothek zu Berlin. — Am Schluß des Bandes zehn kleinere ungedruckte Briefe G.'s an Knebel.

85a. Ein Band enthaltend die Briefe Goethes an Frau v. Stein, aus d. Jahren 1783 und 1784.
> Im Besitze der Frau v. Stein in Kochberg.

86. Briefe Goethes an den Geh. Ober-Reg.-Rath Schultz. Vollständig herausgegeben von Dünzer. Leipzig 1853.
> Im Besitze des Ingen.-Hauptmanns Herrn Schultz in Potsdam.

---

87. Eigenhändiger Brief an Gottlob Breitkopf in Leipzig. Undatirt. 3 Seiten 8vo. Auf der Rückseite ist von der Hand des Empfängers bemerkt: 1769. Im August. Frankfurt am Mayn. Goethe. Gedruckt in: Fragmente aus einer Goethe-Bibliothek. 1849. Von S. H. Seite 3.
> Im Besitze des Herrn Sal. Hirzel in Leipzig.

88. Eigenhändiger Brief an Philipp Erasmus Reich in Leipzig. Datirt: Frankfurt, am 20. Febr. 1770. 4 Seiten 4to. Gedruckt in: Jahn, Goethes Briefe S. 215.
> Im Besitze desselben.

89. Eigenhändiger Brief an Sophie v. La Roche. Undatirt (Nov. 1772). 4 Seiten 4to. Ungedruckt.
> Darin die Stelle: „Ich hoffe Mlle Max wird erlauben, daß ich manchmal schreibe, ich will Ihre Güte nicht mißbrauchen.
> Leben Sie wohl, und wenn Sie fühlen könnten, wie sehr ich an allem Anteil nehme was von Ihnen kommt, Sie würden manchen Augenblick Beruf zu einem Briefe an mich empfinden und Mlle Max würde länger bei Ihren köstlichen Nachschrifften verweilen."
> Im Besitze des Herrn Baron v. Lützow in Görlitz.

90. Eigenhändiger Brief an dieselbe. Datirt: Frankfurt, 1773. (Datum abgerissen.) 2 Seiten 4to. Gedruckt in: L. Assing, Sophie v. La Roche S. 369. Mit falscher Jahreszahl.
> Darin die Stelle: „Von Jerusalems Tode schrieb ich nur das pragmatische Resultat meiner Reflektionen, das war freylich nicht viel. Ich hoffte

auf eine umständliche autentische Nachricht, die ich nun überschicken kann. Sie hat mich so oft innig gerührt als ich sie las, und das gewissenhafte Detail der Erzählung nimmt ganz hin."
    Im Besitze desselben.

91. Eigenhändiger Brief an Kestner, bei Uebersendung der von ihm besorgten Trauringe für Kestner und Lotte. Undatirt. 2 S. 4to. Gedruckt in: Kestner, Goethe u. Werther no. 60 (2te Aufl. no. 58).
    Im Besitze des Herrn Archivrath Kestner in Hannover.

92. Einschluß des vorigen. Mit der Adresse: An Charlotte Buff sonst genannt die liebe Lotte abzugeben im teutschen Haus. Undatirt. 1 Seite 8vo. Gedruckt ebend. no. 61.
    Im Besitze desselben.

93. Eigenhändiger Brief an Sophie v. La Roche. Datirt: Frankfurt, am 12. May 1773. 2 Seiten 8vo. Ungedruckt.
    Darin die Stelle: „Ich binn allein, allein, und werd es täglich mehr. Und doch wollt ich's tragen, daß Seelen die für einander geschaffen sind, sich so selten finden, und meist getrennt werden. Aber daß sie in den Augenblicken der glücklichsten Vereinigung sich eben am meisten verkennen, das ist ein trauriges Räßel."
    Im Besitze des Herrn Baron v. Lützow in Görlitz.

94. Eigenhändiger Brief an dieselbe. Undatirt. (Sept. 1773?) 2 Seiten 4to. Ungedruckt.
    Darin die Stelle: „Nach Düsseldorf kann und mag ich nicht. Sie wissen daß mir's mit gewissen Bekandtschaften geht wie mit gewissen Ländern, ich könnte hundert Jahre Reisender seyn ohne Beruf dahin zu fühlen."
    Im Besitze desselben.

95. Eigenhändiger Brief an Kestner. (März 1774.) 3 S. 4to. Gedruckt in: Kestner, Goethe u. Werther, no. 97 (2te Aufl. no. 96).
    Im Besitze des Herrn Archivrath Kestner in Hannover.

96. Eigenhändiger Brief an denselben. (Mai 1774.) 1 S. 4to. Gedruckt: ebend. no. 98.
    Im Besitze desselben.

97. Eigenhändiger Brief an denselben. 11. Mai 1774. 1 S. 4to. Gedruckt ebend. no. 99.
    Im Besitze desselben.

98. Eigenhändiger Brief an Lotte. 16. Juni 1774. 2 S. 4to. Gedruckt: ebend. no. 100.
    Im Besitze desselben.

99. Eigenhändiger Brief an Sophie v. La Roche. Undatirt. (1774.) 2 Seiten 4to. Ungedruckt.
    Im Besitze des Herrn Baron v. Lützow in Görlitz.

100. Eigenhändiger Brief an dieselbe. Undatirt. (1774.) 1 S. 4to.

II. Handschriften.

101. Eigenhändiger Brief an dieselbe. Undatirt (1774). 2 Seiten 4to. Ungedruckt.

Darin die Stellen: „Ich dachte Wieland sollte sich so albern nicht gebärden. Denn was ist an der ganzen Sache? Ich hab ihm ein Gartenhäusgen seines papiernen Ruhms abgebrannt, ihm ein wächsern Desert Parterrgen verheert, kommt er darüber auser sich, was wird er erst gegen das Schicksaal toben, das mit unerhörter Impertinenz den Seschianischen Pallast, mit soviel Kunstwerken und Kostbarkeiten, der Arbeit so vieler Hundert Menschenseelen, in vier und zwanzig Stunden in die Asche legt."

„Die liebe Max sehe ich selten, doch wenn sie mir begegnet ist's immer wie eine Erscheinung vom Himmel."

Im Besitze desselben.

102. Eigenhändiger Brief an Friedr. Heinr. Jacobi. Dat. 21. Aug. (1774). 4 Seiten 4to. Gedruckt in: Briefwechsel zwischen Goethe u. F. H. Jacobi S. 29.

Im Besitze des Herrn Alb. Cohn in Berlin.

103. Eigenhändiger Brief an Lotte (27. Aug. 1774). 1 Seite 4to. Gedruckt in: Kestner, G. u. W. No. 102.

Im Besitze des Herrn Archivrath Kestner in Hannover.

104. Eigenhändiger Brief an Sophie v. La Roche. Datirt: d. 15. S. (Sept. 1774). 1 Seite 4to. Ungedruckt.

Der Schluß lautet: „Ja liebe Mama, ich muß die Welt lassen wie sie ist, und dem heiligen Sebastian gleich an meinen Baum gebunden, die Pfeile in den Nerven, Gott loben und preisen. Hallelujah Amen."

Im Besitze des Herrn Baron v. Lützow in Görlitz.

105. Eigenhändiger Brief an dieselbe, bei Uebersendung des Werther. Dat. Montag d. 19ten Sept. (1774). 1 Seite 4to. Ungedruckt.

Im Besitze desselben.

106. Eigenhändiger Brief an Kestner, bei Uebersendung des Werther. Dat. 23. Sept. 1774. 1 Seite 8vo. Gedruckt in: Kestner, G. u. W. No. 104.

Im Besitze des Herrn Archivrath Kestner in Hannover.

107. Eigenhändiger Brief an Lotte. Einschluß des vorigen. 1 Seite 8vo. Gedruckt ebend. No. 105.

Im Besitze desselben.

108. Eigenhändiger Brief an Kestner und Lotte (Oct. 1774). 2 Seiten 4to. Gedruckt ebend. No. 107.

Im Besitze desselben.

109. Eigenhändiger Brief an Sophie v. La Roche. Dat. am 21. Octob. 1774. 1 Seite 4to. Ungedruckt.

Darin die Stelle: „Ich lag zeither, stumm in mich gekehrt und ahndete in meiner Seele auf und nieder, ob eine Krafft in mir läge, all das zu

tragen, was das eherne Schicksaal künftig noch mir und den meinigen zugedacht hat; ob ich einen Fels fände drauf eine Burg zu bauen, wohin ich im letzten Nothfall mich mit meiner Haabe flüchtete."
Im Besitze des Herrn Baron v. Lützow in Görlitz.

110. Eigenhändiger Brief an dieselbe. Undatirt (20. Nov. 1774). 3 Seiten 4to. Ungedruckt.
Im Besitze desselben. — G. sagt darin: Ich werde diesen Nachmittag zuerst den Oelpinsel in die Hand nehmen. In dem folgenden Briefe, vom 21. Nov., heißt es: Gestern fing ich an in Oel zu malen.

111. Eigenhändiger Brief an Kestner. 21. Nov. 1774. 4 Seiten 4to. Gedruckt in: Kestner, G. u. W. No. 109.
Im Besitze des Herrn Archivrath Kestner in Hannover.

112. Eigenhändiger Brief an Sophie v. La Roche. Datirt: Bey Tags Anbruch nach der längsten Nacht 1774. 3 Seiten 4to. Gedruckt (ungenau) in: L. Assing, Sophie v. La Roche S. 367.
Im Besitze des Herrn Baron v. Lützow in Görlitz.

113. Eigenhändiger Brief an dieselbe. Dat. 3. Jan. 1775. 2 Seiten 8vo. Ungedruckt.
Darin die Stelle: „Indem ich die Briefe vergangenen Jahrs sortirte und aufschrieb, sind doch mancherley alt neue Ideen mir durch den Kopf gegangen. Wenn man so den moralischen Schneeballen seines Ich ein Jahr weiter gewälzt hat, er hat doch um ein gutes zugenommen. Gott verhüte Thauwetter."
Im Besitze desselben.

114. Eigenhändiger Brief an Helene Elisabeth Jacobi, vom 6. Febr. 1775. 1 Seite 8vo. Ungedruckt.
Der Brief lautet: „Liebe Frau, Fritz ist nun fort; und wie wohl es mir war, können Sie denken, weil es mir, besonders mir auf die letzt etwas weh bey der Sache wurde und ich Frizen bat zu gehn; auch ist mir's schon etwas besser ob er gleich noch nicht 24 Stunden fort ist. So gehts mit mir immer unterst der oberst. Behalten Sie mich ein bißchen lieb! Ich wünsche manchmal u. manchmal hoff ich, daß Sie und die Mädgen mich in die Mitte kriegen und herzlich warm halten. Hier ist was für die Fris. Bald mehr. Wäre Fr. nicht fort würde nichts gethan. Es wird zu tisch geschellt. Prost. und daß ia die Bubens einen Grus von mir kriegen. Addie G. d. 6. Febr. 1775."
Im Besitze des Herrn Geh. Ob.-Justiz-R. Friedlaender in Berlin.

115. Eigenhändiger Brief an Sophie v. La Roche. Dat. d. 21. März 1775. 1 Seite 4to. Ungedruckt.
Im Besitze des Herrn Baron v. Lützow in Görlitz.

116. Eigenhändiger Brief an dieselbe. Dat. d. 28. März 1775. 1 Seite 4to. Ungedruckt.
Im Besitze desselben.

117. Eigenhändiger Brief an Fräulein v. Knebel. Dat. Frankf., d. 3. May 1775. 1 Seite 4to. Ungedruckt.

Darin die Stelle: „Ich lebe wie immer in Strudeley und Unmäßigkeit des Vergnügens und Schmerzens."

Im Besitze des Herrn v. Loeper in Berlin.

118. Eigenhändiger Brief an Sophie v. La Roche. Datirt: An Lavaters Pult, d. 12. Juni 1775. 1 Seite 4to. Ungedruckt.

Im Besitze des Herrn Baron v. Lützow in Görlitz.

119. Eigenhändiger Brief an dieselbe. Dat. 27. Juli 1775. 1 Seite 8vo. Ungedruckt.

Darin die Stelle: „Mir ist's wohl, daß ich ein Land kenne wie die Schweiz ist, nun geh mir's wie's wolle, hab ich doch immer da einen Zufluchtsort."

Im Besitze desselben.

120. Eigenhändiger Brief an Lavater (aus Offenbach 14. Aug. 1775). 3 Seiten 8vo. Gedruckt in: Briefe von G. an Lavater. S. 12.

Im Besitze des Herrn Sal. Hirzel in Leipzig.

121. Eigenhändiger Brief an denselben (aus Frankfurt im August 1775). „Wie ist's mit Zimmermann gegangen u. s. w." 2 Seiten 4to.

Im Besitze desselben.

122. Eigenhändiger Brief an Sophie v. La Roche. Dat. 11. Oct. 1775. 1 Seite 4to. Gedruckt in: L. Assing, Sophie v. La Roche. S. 371.

Der Anfang lautet: „Liebe Mama! Ich geh nach Weimar! Freut Sie das? ich will sehn obs möglich ist mit Wieland auszukommen und seinen alten Tagen, was freundlichs auch von meiner Seite zu bereiten. Ich erwarte das junge Paar und dann gehts."

Im Besitze des Herrn Baron v. Lützow in Görlitz.

123. Eigenhändiger Brief an Lavater. Dat. Weimar d. 6. März 1776. 1 Seite 8vo. Gedruckt als Facsimile in: Briefe von G. an Lavater. S. 7 und Anhang.

Im Besitze des Herrn Sal. Hirzel in Leipzig.

124. Eigenhändiger Brief an die Gräfin Auguste zu Stolberg. Dat. Mittwoch nach Ostern 1776. 1 Seite 4to. Gedruckt in: G.'s Briefe an die Gräfin Auguste zu St. S. 119.

Im Besitze desselben.

125. Eigenhändiger Brief an Lavater (August 1776), mit dem Gedichte: Was weis ich was mir hier gefällt (Werke Bd. 1. S. 81). 2 Seiten 4to. Gedruckt in: Briefe von G. an Lavater S. 157.

Im Besitze desselben.

126. Eigenhändiger Brief, adressirt: An Mademoiselle Friderike Oeser in Leipzig (aus Weimar). Dat. 15. Juni 1778. 1 Seite 4to.
<small>Im Besitze desselben. — Beilage zu dem Briefe an Oeser. Jahn, G.s Briefe S. 127.</small>

127. Eigenhändiger Brief an Lavater. Dat. Auf dem Gotthart bey den Capuzinern. 14. Nov. 1779. 1 Seite 8vo. Gedruckt in: Briefe von G. an Lavater S. 55.
<small>Im Besitze desselben.</small>

128. Eigenhändiger Brief an die Marquise Branconi. Dat. Weimar d. 28. Aug. 1780. 2 Seiten 4to. Gedruckt in den Blättern f. lit. Unterhaltung 1858 S. 21 und in: Hoffmann v. Fallersleben, Findlinge Bd. 1. S. 414.
<small>Im Besitze des Herrn Alb. Cohn in Berlin, der diesen nebst drei anderen Briefen G.s an dieselbe in den „Findlingen" veröffentlicht und einen Separatabdruck davon in 30 Exemplaren veranstaltet hat.</small>

129. Eigenhändiger Brief an Sophie v. La Roche. Dat. Weimar, d. 1. Sept. 1780. 4 Seiten 4to. Ungedruckt.

Darin die Stelle: „Da H. v. Knebel wohl nach Düsseldorf geht, so gebe Gott, daß er mir mit unserm alten Friz eine angenehme Vereinigung auswürke. Wir sind ia denk ich alle klüger geworden, es ist Zeit daß man aufs Alter sammelt und ich möchte wohl meine alten Freunde, die ich auf ein oder andre Weise von mir entfernt sehe, wieder gewinnen, und wenn möglich in einem konsequenten guten Verhältniß mit ihnen weiter abwärts gehn."
<small>Im Besitze des Herrn Baron v. Lützow in Görlitz.</small>

130. Eigenhändiger Brief an Lavater (aus Weimar). Dat. 26. Nov. 1781. 1 Seite 4to. Gedruckt in: Briefe von G. an Lavater S. 139.
<small>Im Besitze des Herrn Sal. Hirzel in Leipzig.</small>

131. Brief mit der Adresse: Herrn Michael Salom nach Padua. Dictat. Dat. Weimar d. 20. Febr. 1782. 2 Seiten 4to. Ungedruckt.
<small>Im Besitze des Herrn Geh. Ob.-Justiz-R. Friedlaender in Berlin. — Antwort auf eine übersandte Probe einer italienischen Uebersetzung des Werther. Goethe erwähnt diese Zusendung in den Briefen an Frau v. Stein. Th. 2 S. 126.</small>

132. Eigenhändiger Brief an Plessing. Dat. Weimar, d. 26. Juli 1782 (nicht 1781). 1 Seite 4to. Gedruckt in: Fragmente aus einer Goethe-Bibliothek 1849. Von S. H. Seite 10.
<small>Im Besitze des Herrn Sal. Hirzel in Leipzig.</small>

133. Eigenhändiger Brief an Friedr. Heinr. Jacobi. Dat. Weimar, 2. Oct. 1782. 3 Seiten 8vo. Gedruckt in: Briefwechsel zwischen G. u. F. H. Jacobi S. 59.
<small>Im Besitze des Herrn Alb. Cohn in Berlin.</small>

134. Eigenhändiger (letzter) Brief an Lavater. Dat. W. d. 28. Nov. 1783. 1 Seite 8vo. Ungedruckt.

Der Brief lautet: „Ich erhalte dein zweytes Zettelgen und nun auch ein vernünftig Wort. Der Fürst hofft das beste von deiner Würckung und ich wünsche daß sie ihm das Leben leidlicher machen möge. Ich weis zwar ihr eigentlich Verhältniß nicht, habe auch nie danach gefragt. Unsre Herzoginn kann der Fürstinn nie etwas werden, noch umgekehrt. Wir stehen hier jetzt ziemlich alle auf menschlichen Füßen. Lebe wohl. Der Herzog ist recht brav, nur machen ihm die fürstlichen Erbsünden mit denen er zu kämpfen hat das Leben offt sauer."

Im Besitze des Herrn Sal. Hirzel in Leipzig.

135. Eigenhändiger Brief (an den Herzog von Weimar). Datirt: Weimar, d. 28. Octob. 1784. 8 Seiten 4to. Gedruckt in: Preuß. Jahrbücher, Herausg. von R. Haym. Bd. 6. 1860. S. 559 u. folgg.

Im Besitze desselben.

136. Eigenhändiger Brief an den Richter zu Jena. Dat. Weimar, d. 26. Aug. 1785. Ungedruckt.

Im Besitze des Herrn v. Loeper in Berlin. — Betrifft den Nachlaß des von Goethe unterhaltenen pseudonymen Krafft (vergl. Briefe und Aufsätze von Goethe. Herausg. durch Schöll. S. 165 u. folg.) Durch diesen Brief wird die Zeit von Krafft's Tode zuerst bekannt. Auch geht daraus hervor, daß G. bis zuletzt für ihn gesorgt und auch sein Begräbniß besorgt hat. Zugleich ist merkwürdig, daß G. auch dem Nachlaßrichter den wahren Namen des Mannes verschwieg.

137. Eigenhändiges Billet an Herders Gattin. Undatirt (1785). 1 Seite 8vo. Gedruckt in Herders Nachlaß.

Im Besitze des Königl. Musikdirectors Herrn Jähns in Berlin.

138. Eigenhändiger Brief mit Adresse: Hr. Gen. S. Herder. Datirt, 6. Jan. 1786. 1 Seite 4to. Gedruckt.

Im Besitze des Herrn Sal. Hirzel in Leipzig.

139. Eigenhändiger Brief an Friedr. Heinr. Jacobi. Dat. Rom, d. 13. Jan. 1787. 1 Seite 4to. Gedruckt in: Briefwechsel zwischen G. u. F. H. Jacobi S. 107.

Im Besitze des Herrn Alb. Cohn in Berlin.

140. Eigenhändiges Billet an Angelica Kaufmann (Rom. Febr. 1788). „Es scheint, daß man in dem studio de tedeschi u. s. w." 1 Seite 4to. Mit Adr.: Pour Madame Angelica.

Im Besitze des Herrn Sal. Hirzel in Leipzig.

141. Eigenhändiger Brief an Bertuch. Dat. Rom, d. 5. Apr. 1788. 3 Seiten 4to. Ungedruckt.

Darin die Stelle: „Auf der Reise wird Tasso durchgedacht und also auf einer Wanderung die Schicksale eines Mannes dramatisirt, dessen ganzes Leben ein Hin und Herwandeln war."

Im Besitze des Herrn v. Loeper in Berlin.

142. Eigenhändiger Brief an Friedr. Heinr. Jacobi. Dat. 31. Octob. 1788. 2 Seiten 4to. Gedruckt in: Briefwechsel zwischen G. u. F. H. Jacobi S. 116.
<small>Im Besitze des Herrn Alb. Cohn in Berlin.</small>

143. Eigenhändiger Brief an Herder. Undatirt (1789). 1 Seite 4to. Gedruckt in Herders Nachlaß.
<small>Im Besitze des Herrn Elischer in Pesth.</small>

144. Eigenhändiger Brief an den Kapellmeister Reichardt. Dat. W. d. 2. Nov. 1789. 3 Seiten 4to. Ungedruckt.
<small>Im Besitze des Herrn v. Loeper in Berlin.</small>

145. Eigenhändiger Brief an Herder. Aus Dresden. Dat. 30. Juli 1790. 1 Seite 4to. Gedruckt.
<small>Im Besitze des Königl. Musikdirectors Herrn Jähns in Berlin.</small>

146. Eigenhändiger Brief an Herders Gattin vom Jahre 1791. 1 Bl. 4to. Gedruckt in Herders Nachlaß.
<small>Im Besitze des Herrn v. Loeper in Berlin.</small>

147. Brief an den Kapellmeister Reichardt. Dictat. Dat. Weimar, d. 30. Mai 1791.
<small>Im Besitze des Herrn Elischer in Pesth. — Handelt von Theatersachen, Moritz' Aufenthalt in Weimar, und optischen Studien.</small>

148. Eigenhändiger Brief an denselben. Dat. W. d. 17. Nov. 1791. 4 Seiten 4to. Ungedruckt.
<small>Im Besitze desselben. — Handelt von optischen Studien.</small>

149. Eigenhändiger Brief an Körner. Dat. Düsseldorf 14. Nov. 1792. 1 Seite 4to. Ungedruckt.
<small>Im Besitze des Herrn Sal. Hirzel in Leipzig. — G. schreibt, daß er, aus dem Feldzuge zurückgekehrt, jetzt bei Jacobi sei u. s. w.</small>

150. Eigenhändiger Brief an Friedr. Heinr. Jacobi. Dat. Im Lager bey Marienborn vor Maynz, d. 7. Juni 1793. 3 Seiten 4to. Gedruckt in: Briefwechsel zwischen G. u. F. H. Jacobi S. 159.
<small>Im Besitze des Herrn Alb. Cohn in Berlin.</small>

151. Eigenhändiger Brief an denselben. Datirt: Maynz, den 27. Juli 1793. 3 Seiten 4to. Gedruckt ebend. S. 170.
<small>Im Besitze desselben.</small>

152. Eigenhändiger Brief an Herder vom Jahre 1794, bei Uebersendung des ersten Theils von Wilhelm Meister. 2 Seiten 8vo. Gedruckt in Herders Nachlaß.
<small>Im Besitze des Herrn v. Loeper in Berlin.</small>

153. Eigenhändiger Brief an Herders Gattin vom Jahre 1794. 1 Bl. 8vo. Gedruckt ebend.
<small>Im Besitze desselben.</small>

II. Handschriften.

154. Brief an Körner. Dictat. Dat. Weimar, 22. Juni 1797. 2 Seiten 4to. Ungedruckt.

Darin die Stelle: „Haben Sie schon etwas von dem Prolog zum Wallenstein gesehen? Er ist sehr glücklich gerathen und giebt einen freyen Blick in die große und sonderbare Welt, in welcher das Stück spielen wird" . . . .

Im Besitze des Königl. Musikdir. Herrn Jähns in Berlin.

155. Brief an denselben. Dictat. Dat. Weimar, 20. Juli 1797. 2 Seiten 4to. Ungedruckt.

Darin die Stelle: „Leben Sie indessen recht vergnügt und lassen sich mein idyllisch-episches Gedicht (Hermann u. Dor.) gefallen. Leider ist auch dieses, wie die meisten meiner Sachen, beynah nur aus dem Stegreife; meine Tage rollen sich gar zu geschwinde auf und ich möchte mir die Ehre anthun, mich mit der Leyer des Orpheus zu vergleichen, die nur noch zufällige Töne von sich giebt, indem sie von den Wellen eilig dem großen Meere zugeschaukelt wird. Sie haben durch Schillern erfahren, daß wir uns jetzt im Balladenwesen und Unwesen herumtreiben; die seinigen sind ihm, wie Sie schon wissen, sehr geglückt. Ich wünsche, daß die meinigen einigermaßen daneben stehen dürfen; er ist zu dieser Dichtart in jedem Sinne mehr berufen als ich. Was mir diese Reise (nach der Schweiz) nehmen und geben wird, muß ich nun abwarten; ich kenne mich hierüber und weiß, daß alles, was von außen an mich gelangt, sehr späte Früchte bringt."

Im Besitze des Königl. Musikdir. Herrn Jähns in Berlin.

156. Zwei Briefe an d. Gen.-Intend. der Kön. Schauspiele in Berlin, die Aufführung des Tancred betreffend. Dictat. Dat. Jena, 16. Dec. 1800. 1 Seite 4to. und Jena, 25. Dec. 1800. 1 Seite 4to. Nebst „Vorschlag zu lyrischen Episoden für Tancred." 2 Seiten 4to. Ungedruckt.

Im Archive der Gen.-Intendantur der Königl. Schauspiele in Berlin.

157. Eigenhändiger Brief an den Herzog von Weimar nach Berlin. Dat. Weimar, d. 9. März 1801. 2 Seiten 4to. Ungedruckt.

Im Besitze des Herrn Ober-Consist.-Rath Schwarz in Jena.

158. Eigenhändiger Brief an Herder. Dat. Weimar, d. 26. Apr. 1802. 1 Bl. 4to. Gedruckt in Herders Nachlaß.

Im Besitze des Herrn v. Loeper in Berlin. — Betrifft die Confirmirung von Goethes Sohn durch Herder.

159. Bruchstück eines eigenhändigen Briefes an Knebel. Dat. W. d. 11. Juli 1809. Ungedruckt.

Im Besitze desselben.

159a. Eigenhändiger Brief Goethes an Bettina Brentano. Dat. W. d. 5. Febr. 1810. 1 Seite 4to.

Im Besitze des Herrn Herm. Grimm in Berlin.

160. Eigenhändiger Brief an Caroline Gräfin Egloffstein, damals zu Misburg bei Hannover. Dat. Jena, d. 18. Jan. 1811. 2 Seiten 4to. Ungedruckt.
> Im Besitze der Gräfin C. Egloffstein in Marienrode bei Hildesheim. — Erinnerung an den Maskenzug vom 30. Jan. 1810, bei welchem die Gräfin als Jägerin, Goethe als Tempelherr erschienen war.

161. Eigenhändiger Brief an Elise v. d. Recke. Datirt Weimar, d. 8. Nov. 1811. 4 Seiten 4to. Ungedruckt.

Der Brief lautet: „Sie haben mir, verehrte Freundinn, seit meinen Jünglingsjahren so viel Gunst und Freundschaft erwiesen, daß ich wohl hoffen darf, Sie werden auch diesmal den Knaben gütig aufnehmen. Beschauen Sie die in diesem Bändchen („Aus meinem Leben") aufgeführte Bilderreihe mit nachsichtiger Aufmerksamkeit, und sagen mir ein treues Wort, wie sie Ihnen erscheint und was Sie von der Folge erwarten und hoffen.

Seit manchen Jahren bin ich Zeuge der schönen Wirkungen, die Ihnen das Vaterland zu verdanken hat, und ich muß mir im voraus die Erlaubniß erbitten, davon zu seiner Zeit nach meiner Ueberzeugung sprechen zu dürfen.

Bey so viel unerläßlichen Widerwärtigkeiten, die der Mensch zu erdulden hat, bey unvermeidlicher Spannung und Widerstreit, macht er sich oft ganz willkührlich ein Geschäft sich von andern abzusondern, andre von andern zu trennen. Diesem Uebel zu begegnen haben die vorsehenden Gottheiten solche Wesen geschaffen, welche durch eine glückliche Vermittlung dasjenige was sich ihnen nähert zu vereinigen, Mißverständnisse aufzuheben, und einen friedlichen Zustand in der Gesellschaft herzustellen wissen. Sagte ich nun: Sie, verehrte Freundinn, gehören zu diesen; so würde ich viel zu wenig sagen. Denn auf meinem Lebenswege ist mir niemand begegnet, dem jene Gabe mehr wäre verliehen worden als Ihnen, oder der einen so anhaltenden, so schönen Gebrauch von derselben gemacht hätte.

Auch ich und die Meinigen haben davon vergangenen Sommer die wünschenswerthesten Wirkungen erfahren. Meine Frau, die sich Ihnen angelegentlichst empfiehlt, ist noch immer durchdrungen und bewegt von Ihrer Güte, und in unsrem kleinen Familienkreise wird Ihr Andenken als eines wohlthätigen Genius verehrt. Möge uns das Glück beschert seyn Ihnen, Verehrte, wieder an der heilsamen Quelle zu begegnen, und uns von Ihrem Wohlbefinden gegenwärtig zu überzeugen.

Möchten Sie uns gelegentlich Ihrer unvergleichlichen fürstlichen Schwester, Ihren liebenswürdigen Nichten, namentlich der Fürstinn von Hohenzollern, auf das dringendste empfehlen, nicht weniger uns in das Andenken des Hr. Tiedge zurückrufen; so würden Sie uns aufs Neue und wiederhohlt verpflichten. Erlauben Sie, daß ich nun schließe und mich verehrend unterzeichne."
> Im Besitze des Herrn Geh. Ob.-Just.-R. Frieblaender in Berlin.

162. Eigenhändiger Brief mit der Adresse: An Demoiselle Caroline Ulrich, Jena, im Bischoffschen Hause. Datirt: W. d. 29. Febr. 1812. 1 Seite 4to.
> Im Besitze des Herrn Sal. Hirzel in Leipzig.

II. Handschriften.

163. Eigenhändiger Brief an Körner. Dat. Teplitz, 4. Aug. 1812. 2 Seiten 4to. Ungedruckt.
Im Besitze des Königl. Musikdir. Herrn Jähns in Berlin.

164. Brief an Charlotte v. Schiller. Dictat. Dat. Carlsbad, d. 14. Aug. 1812. 2 Seiten 8vo. Ungedruckt.
Im Besitze des Herrn Elischer in Pesth.

165. Eigenhändiger Brief an dieselbe. Undatirt. Aus Carlsbad (1812). Ungedruckt.
Im Besitze der Freifrau Emilie von Gleichen gebornen v. Schiller.

166. Eigenhändiger Brief an Riemer. Dat. Teplitz, d. 24. Juli 1813. 3 Seiten fol. Ungedruckt.
Im Besitze des Herrn v. Loeper in Berlin. — Betrifft die Redaction von Wahrheit und Dichtung.

166a. Eigenhändiger Brief an die Gräfin v. Fritsch. Dat. Teplitz, d. 27. Juli 1813. 1 Seite 4to.
Im Besitze des Herrn Baron v. Goerne in Halle.

167. Bericht an den Herzog v. Weimar, von fremder Hand geschrieben. 12 Seiten 4to. Mit eigenhändigem Vor- und Nachschreiben G.'s, datirt W. d. 19. Febr. 1814. 2 Seiten 4to. Ungedruckt.
Darin die Stelle: „Andere werden von wichtigen Dingen Nachricht gegeben haben, indessen ich, in meinem beschränkten Kreise, das herkömmliche lebendig zu erhalten bemüht bin, bis den Wissenschaften und Künsten ein neuer Frühling aufgehen möchte."
Im Besitze des Herrn G. Heubel in Berlin.

168. Zwei Briefe an d. Gen.-Intend. d. kön. Schauspiele in Berlin. Dictat. Dat. Berka an der Ilm, 24. May 1814. 1 Seite 4to., und ebend. 15. Jun. 1814. 1 Seite 4to. Ungedruckt.
Im Archive der Gen.-Intend. d. Königl. Schauspiele in Berlin. — Betreffend des Epimenides Erwachen.

169. Personen-Verzeichniß zu Epimenides Erwachen mit der für die Berliner Bühne von Goethe bestimmten Besetzung der Rollen. Dat. Weimar, d. 23. Jun. 1814. Eigenhändig. 1 Seite fol.
Im Besitze des Königl. Musikdir. Herrn Jähns in Berlin.

170. Eigenhändiger Brief an den Hofrath u. Mitglied der Theater-Commission zu Weimar Kirms. Dat. 30. Jan. 1815. 1 Seite 4to. Ungedruckt.
Im Besitze des Herrn Sal. Hirzel in Leipzig.

171. Eigenhändiger Brief an Arthur Schopenhauer. Dat. Bey Franckfurt am Mayn, d. 7. Sept. 1815. 1 Seite 4to. Gedruckt in: Hoffmann v. Fallersleben, Findlinge Bd. 1. S. 180.
Im Besitze der Königl. Bibliothek zu Berlin.

172. Brief (an J. Gust. Büsching). Dictat. Dat. Weimar, 10. Juli 1817. 4 Seiten 4to. Ungedruckt.

Darin die Stelle: „Mir scheint es auf alle Fälle sehr bedeutend: dasjenige was in Bezug auf geistliche Bücher und Bilder schon gethan ist, auch für das Rechtliche, Bürgerliche und Politische zu leisten. Es wird dabei zur Sprache kommen, daß nicht allein der ungebildete, sondern auch der durchaus feingebildete natürliche Mensch dasjenige mit Augen sehen will, was ihm durchs Ohr zukommt, deshalb denn auch die bilderreichen so wie die bilderlosen Religionen ihren Charakter im entschiedenen Gegensatz bethätigen."

Im Besitze des Königl. Musikdir. Herrn Jähns in Berlin.

173. Brief an Gräfin Caroline Egloffstein nach St. Petersburg. Dictat. Dat. Weimar, 30. May 1821. 1 Seite 4to. Ungedruckt.

Im Besitze der Gräfin C. Egloffstein.

174. Brief an Frau v. Willemer nach Frankfurt a. M. Dictat. Anrede u. Schluß eigenhändig. Dat. Weimar, 12. Juli 1821. 2 Seiten 4to. Ungedruckt.

Das Ende lautet: „Ihre Frömmigkeit in Bezug auf Musik, weiß ich zu ehren und gebe gerne zu daß die Compositionen von Liedern und sonst, genau besehen oft nur ein qui pro quo geben; selten ist der Dichter durchdrungen und man lernt dabey nur etwa den Kunstcharakter und die Stimmung des Componisten kennen. Doch hab ich auch da manches Schätzenswerthe gefunden, indem man sich vielmal abgespiegelt sieht, zusammengezogen, erweitert, selten ganz rein. Beethoven hat darin Wunder gethan, und es war ein glücklicher Einfall die Musik zu Egmont durch kurze Zwischenreden dergestalt zu exponiren daß sie als Oratorium aufgeführt werden kann, wie Sie solche wahrscheinlich gehört haben.

Indem ich schreibe statt zu kommen, nach Böhmen gehe statt an den Mayn, ist mir wunderlich zu Muthe und ich darf eine mitempfindende Freundinn hoffen".

Im Besitze des Herrn Herman Grimm in Berlin.

175. Eigenhändiger Brief (an den kön. preuß. Geheimerath v. Willemer in Frankfurt a. M.). Datirt: Weimar, d. 14. April 1822. 1 Seite 4to. Ungedruckt.

Im Besitze des Herrn Sal. Hirzel in Leipzig.

176. Eigenhändiger Brief an Gräfin Caroline Egloffstein in St. Petersburg. Dat. W. d. 24. Dec. 1824. 1 Seite 4to. Ungedruckt.

Im Besitze der Gräfin C. Egloffstein.

177. Brief an Heeren, bei Uebersendung von dessen „Geschichte der Völker und Staaten". Dictat. Dat. Weimar, d. 2. April 1825. 2 Seiten 4to. Ungedruckt.

Im Besitze des Königl. Musikdirectors Herrn Jähns in Berlin.

II. Handschriften.

178. Brief an Gräfin Caroline Egloffstein nach St. Petersburg. Dictat. Dat. Weimar, d. 21. July 1825. 2 Seiten 8vo. Ungedruckt.
<small>Im Besitze der Gräfin C. Egloffstein. — G. wünscht die Barometerstände des Februar von Petersburg und Moskau zu erfahren.</small>

179. Eigenhändiger Brief an dieselbe. Dat. W. d. 31. Jan. 1826. 2 Seiten. 4to.
Darin die Stelle: „Sodann verzeihen Sie, wenn ich diese Gelegenheit ergreife auszusprechen: daß die körperlichen Leiden welche Sie von Ihren Freunden, wie von der Welt scheiden mir höchst peinlich sind, und Sie werden meinen Zustand schmerzlicher mitempfinden wenn ich versichere: daß ich, bey Ihrer letzten Anherkunft, (mich) mit der Hoffnung geschmeichelt habe Sie würden die einsamen, fast öden Stunden, die sich manchmal um mich her zu lagern drohen, durch Ihre Gegenwart beleben und gestalten. Hiemit aber sei genug, wonicht zu viel gesagt! Gönnen Sie mir Ein Wort wo ich irgend zu Ihrer Zufriedenheit beytragen kann! Eine gestrige Absendung nach Petersburg wird unserm Freund (Klinger) ein Lächlen abgewinnen; dies verleihen Sie auch mir und bleiben einer ewigen Anhänglichkeit versichert."
<small>Im Besitze derselben.</small>

180. Brief an F. H. v. d. Hagen. Dictat. Dat. Weimar, d. 28. April 1827. 2 Seiten 4to. Ungedruckt.
<small>Im Besitze des Herrn Elischer in Pesth.</small>

181. Brief an Prof. Zahn. Dictat. Dat. Weimar, 3. April 1828. 1 Seite 8vo. Ungedruckt.
<small>Im Besitze des Herrn Prof. Zahn in Berlin.</small>

182. Brief an denselben. Dictat. Dat. Schloß Dornburg, 1. Aug. 1828. 3 Seiten 8vo. Ungedruckt.
<small>Im Besitze desselben.</small>

183. Brief an Dr. Ernst Weller in Jena. Dictat. Dat. Dornburg, 7. Aug. 1828. 2 Seiten 4to.
<small>Im Besitze des Königl. Musikdirectors Herrn Jähns in Berlin. — Betrifft Rechts Vorschläge zur Verbesserung des Weinbaus.</small>

184. Brief an Prof. Zahn. Dictat. Dat. Weimar, 12. Dec. 1828. 2 Seiten 4to. Ungedruckt.
<small>Im Besitze des Herrn Prof. Zahn in Berlin.</small>

185. Brief an Eichstädt. Dictat. Weimar, d. 16. Febr. 1829. 2 Seiten 8vo. Ungedruckt.
<small>Im Besitze des Herrn v. Loeper in Berlin. — Betrifft den Hingang des Großherzogs Carl August.</small>

186. Brief an Prof. Zahn. Dictat. Dat. Weimar, 14. März 1830. 1 Seite 4to. Ungedruckt.
<small>Im Besitze des Herrn Prof. Zahn in Berlin.</small>

187. Brief an denselben. Dictat. Dat. Weimar, 19. März 1830. 3 Seiten 4to. Ungedruckt.
Im Besitze desselben.

188. Brief an denselben. Dictat. Dat. Weimar, 8. April 1830. 1 Seite 4to. Ungedruckt.
Im Besitze desselben.

189. Brief an Gräfin Caroline Egloffstein. Dictat. Dat. Weimar, 18. Sept. 1830. 2 Seiten 4to. Ungedruckt.
Im Besitze der Gräfin C. Egloffstein.

190. Eigenhändiger Brief an dieselbe. Dat. Weimar, am 7. Dec. 1830. 1 Seite 4to. Ungedruckt.

Die Generalin v. Beaulieu-Marconnay geb. Freyin von und zu Egloffstein hatte im J. 1793 die Bekanntschaft der nun glücklich verheiratheten Lilli gemacht. Im J. 1830 wurde sie veranlaßt ihre Erinnerungen niederzuschreiben. Ihr Bericht schilderte den Eindruck, den Lilli auf sie gemacht, und theilte den Inhalt der vertrauten Unterhaltungen mit Goethes Jugendgeliebten mit. Goethe hatte im J. 1830 den 4ten Theil von Wahrheit und Dichtung geschrieben (vergl. Eckermann, Gespräche Th. 3 S. 297 u. folgg.). Jenen Bericht erhielt er durch die Gräfin C. Egloffstein. Seine Erwiederung, welche hier vorliegt, lautet: „Nur mit den wenigsten Worten, verehrte Freundin, mein dankbarstes Anerkennen. Ihr theures Blat mußte ich mit Rührung an die Lippen drücken. Mehr müßt ich nicht zu sagen. Ihnen aber möge zu geeigneter Stunde eine ebenso freudige Erquickung werden!"
Im Besitze derselben.

191. Brief an Prof. Zahn. Dictat. Dat. Weimar, 24. Feb. 1831. 4 Seiten 4to. Ungedruckt.
Im Besitze des Herrn Prof. Zahn in Berlin.

192. Brief an denselben nach Neapel. Dictat. Dat. Weimar 10. März 1832. 4 Seiten 4to. Der Empfänger hat diesen Brief einzeln lithographiren lassen.
Im Besitze desselben.

---

193. Eigenhändiger Brief der Herzogin Amalia von Sachsen-Weimar an Angelica Kaufmann. Dat. Weimar, d. 25. Juni 1790. 1 Seite 4to.
Im Besitze des Herrn Ellscher in Pesth.

194. Eigenhändiger Brief des Großherzogs Carl August von Sachsen-Weimar an den Prof. Döbereiner. Dat. 19. (Jan.) 1823. 1 Seite 4to.
Im Besitze desselben.

195. Brief von Goethes Vater an Lavater, mit einer Nachschrift der Mutter. Dat. Frankf. 1. Nov. 1776. 1 Seite 4to. Gedruckt in: Zwölf Briefe von Goethes Eltern an Lavater. Als Manuscript f. Freunde, zur Feier des 4. Januar 1860 in Druck gegeben von S. H. Seite 10.
    Im Besitze des Herrn Sal. Hirzel in Leipzig.

196. Brief von Goethes Mutter an Lavater, mit voller Namens-Unterschrift. Datirt Frankf. 2. Aug. 1774. 1 Seite 4to. Gedruckt ebend. S. 7.
    Im Besitze desselben.

197. Brief von Goethes Mutter. Dat. 21. Merz 1788. 3 Seiten. 4to.
    Im Besitze des Herrn Elischer in Pesth.

198. Ein Stammbuch. Darin ein Blatt von Goethes Mutter. 19. März 1790.
    Im Besitze des Herrn Alb. Cohn in Berlin. — Der ursprüngliche Besitzer ist unbekannt.

199. Brief von Goethes Schwester Cornelia an Katharina Fabricius in Worms. Dat. Frankf. 1. Octob. 1767. 4 S. 4to. In französischer Sprache. Vergl. O. Jahn, Goethes Briefe. S. 236.
    Im Besitze des Herrn Sal. Hirzel in Leipzig.

200. Brief von Christiane v. Goethe geb. Vulpius an Nic. Meyer. Dat. Weimar, 4. July 1804. 2 Seiten 4to. Dictat. Gedr. in: Briefe von G. und seiner Frau an N. Meyer. S. 93.
    Im Besitze des Herrn Elischer in Pesth.

201. Brief von Goethes Sohn an Prof. Zahn. Dat. Neapel 13. Oct. 1830. 2 Seiten 4to.
    Im Besitze des Herrn Prof. Zahn in Berlin.

---

202. Ein Stammbuchblatt von Friederike Brion. Datirt: Meißenheim, den 4. Oct. 1807.
    Im Besitze des Hrn. Geh. Ob. Post-Rath Schüller in Berlin, der dies Blatt von einem Neffen Friederikens, dem Pfarrer Fischer in Meisenheim, erhalten hat.

203. Ein deutscher und ein französischer Brief der Frau von Türkheim (Lilli) an ihren Bruder. Aus den Jahren 1794 u. 1795.
    Im Besitze des Herrn Carl Jügel in Frankfurt a. M. — Der deutsche Brief ist gedruckt in: Jügel, Puppenhaus S. 361.

203a. Sieben Briefe der Frau Charlotte v. Stein an Charlotte v. Lengefeld, später Schillers Frau, und zwei an Schiller. Aus den Jahren 1786—1797.

Darin die Stellen: „Ich mögte Sie gern mit dem was Goethe über Lavaters Magnetisiren denkt befriedigen, aber er ist der immer schweigende." 30 Jan. 1786.

„Daß Goethe sich Schillern immer mehr nähert, fühl' ich auch, denn seitdem scheint er mich wieder ein klein wenig in der Welt zu bemerken, es komt mir vor, er sey einige Jahre auf eine Südsee Insel verschlagen gewesen, und fange nun an auf den Weg wieder nach Hause zu denken." 25. Februar (1795).

Im Besitze der Freifrau Emille v. Gleichen geb. v. Schiller.

204. Brief derselben an Knebel. Dat. 16. Sept. 1826. 2 Seiten fl.-8vo.

Im Besitze des Herrn Elischer in Pesth.

205. Brief Wielands an Goethe, vom 23. April 1807, durch den er Bettina Brentano einführt.

Im Besitze des Herrn Herman Grimm in Berlin.

---

206. Billet Jerusalems an Kestner, vom 29. Oct. 1772. „Dürfte ich Ew. Wohlgeboren wohl zu einer vorhabenden Reise um ihre Pistolen gehorsamst ersuchen?" Als Facsimile gedruckt in Kestner, G. u. W. Beilage zu No. 28.

Im Besitze des Herrn Archivrath Kestner in Hannover. — Es ist dieses das Originalblatt, nach dem Tode Jerusalems aus dem Papierkorbe gerettet und berühmt geworden als es Goethe wörtlich in den Werther aufnahm.

III.
Handzeichnungen von Goethe.

Goethe bemerkt über diese seine Leistungen:

„Durch eine gewisse Naturanlage und Uebung gelang mir wohl ein Umriß, auch gestaltete sich leicht zum Bilde, was ich in der Natur vor mir sah; allein es fehlte mir die eigentliche plastische Kraft, das tüchtige Bestreben dem Umrisse Körper zu verleihen durch wohlabgestuftes Hell und Dunkel. Meine Nachbildungen waren mehr ferne Ahnungen irgend einer Gestalt und meine Figuren glichen den leichten Luftwesen in Dantes Purgatorio, die, keinen Schatten werfend, vor dem Schatten wirklicher Körper sich entsetzen." (Dichtung und Wahrheit, Th. 4. Vollst. Ausgabe letzter Hand, Bd. 48, S. 146.)

III. Handzeichnungen.

„Wie aber nach dem jüngsten Gericht
Was vorgeschah auch wieder geschicht,
Und über Wolken und unter Flammen
Freunde und Feinde kommen zusammen,
Und überall im höchsten Chor
Jeder Heilige, nach wie vor,
Hebt und trägt sein Marterinstrument,
Woran man ihn allein erkennt:
So werd' auch ich wohl in Abrahams Schooß
Bleistift und Pinsel nicht werden los;
Bei vieler Lust und wenig Gaben
Werd' ich doch nur gekritzelt haben."

(Goethe, an die Prinzessin Caroline von Sachsen-Weimar-Eisenach, 1807.)

1. Handzeichnung von Goethe, angetuschte Landschaft, Schweizerhaus und Wasserfall, dabei von Goethes Hand: Zu freundschaftlichem Erinnern. W. v. Goethe. Weimar, 18. Oktober 1831.
Im Besitz des Herrn v. Verlepsch in Groß-Stöckheim bei Wolfenbüttel. Diese Landschaft wurde von Schorn, Sotzmann u. a. Kennern für eine der gelungensten Zeichnungen Goethes erklärt.

2—9. Zehn eigenhändige Zeichnungen Goethes aus verschiedenen Perioden seines Lebens, in schwarzer Kreide, Tusche, Wasserfarben, Pastell, Sepia ꝛc. unter Glas und Rahmen.
Im Besitze der Familie v. Goethe in Weimar.

9a. Drei Zeichnungen von Goethe, vom Jahre 1776.
Im Besitze der Frau Marie v. Zobeltitz geb. v. Stein.

10. Versuche im Zeichnen von Goethe, aus frühester Zeit.
Im Besitze derselben.

11. Aelterer Theil des Schlosses zu Kochberg, gezeichnet von Goethe 1786.
Im Besitze derselben.

12. Meerbusen von Bajä, Zeichnung in Farben von Goethe.
Im Besitze derselben.

13. 14. Zwei angetuschte Zeichnungen von Goethe:
    a. Thurm in Allstädt, wo Münzer predigte.
    b. Mühle, nach Everdingen.
Im Besitze derselben.

15. 16. Zwei Kreidezeichnungen von Goethe auf blauem Papier:
    a. Die Wartburg.
    b. Mönch und Nonne.
Im Besitze derselben.

17—20. Vier Handzeichnungen Goethes, in Rom gez. 1787.
Im Besitze derselben.

21—23. Drei landschaftliche Studien von Goethe. a. in Farben; b. Bleistiftzeichnung; c. in Sepia.
  Im Besitze derselben.

24—28. Fünf Original-Handzeichnungen Goethes; Landschaften in Sepia, dem Hofschauspieler P. A. Wolff und dessen Gattin, Weimar, zum 3. Mai 1814, mit eigenhändiger Widmung geschenkt:
  „Blätter nach Natur gestammelt,
  „Sind sie endlich auch gesammelt,
  „Deuten wohl auf Kunst und Leben.
  „Aber Ihr, im Künstler Kranze,
  „Jedes Blatt sei Euch das Ganze
  „Und belohnt ist Euer Streben."
                          „Goethe."
  Im Besitze des Fräuleins Zerline Oppert in Berlin.

29. Getuschte Handzeichnung von Goethe. Landschaft mit Dorfkirche, unter Glas und Rahmen.
  Im Besitze des Geh. Ober-Postraths Herrn Schüller in Berlin.

30. Kleine Handzeichnung in Tusche; von Goethe an A. Nicolovius geschenkt.
  Im Besitze der Königl. Bibliothek in Berlin.

31. 32. 33. Zwei landschaftliche Studien in Sepia und eine dergl. in schwarzer Kreide.
  Im Besitze des Herrn Sal. Hirzel in Leipzig.

34. Zeichnung von fremder Hand. Frankfurt a. M. mit der Sachsenhauser Brücke. Darunter von Goethes Hand:
  „Großen Fluß hab' ich verlassen,
  „Einem kleinen mich zu weihn,
  „Sollte der doch eine Quelle
  „Manches Schönen, Guten sein."
  Im Besitze des Großherzoglichen Bibliothek-Secretairs Herrn Kräuter in Weimar.

35—37. Drei Handzeichnungen Goethes:
  a. Landschaft in Wasserfarben.
  b. Unvollendet untermalt.
  c. Sepiazeichnung.
  Im Besitze desselben. (Verkäuflich.)

38. 39. Zwei Handzeichnungen von Goethe:
  a. Italienische Landschaft mit Pinien, bunt getuscht.
  b. Thüringische Bauernhütte, auf gelbem Papier, schwarz getuscht.
  Im Besitze der Frau Marie von Zobeltitz, geb. v. Stein.

III. Handzeichnungen.

40—42. Drei Zeichnungen von Goethe: 1. Felsen und Wasserfall, Decoration für das Puppentheater der Kinder des Buchhändlers Frommann in Jena, 1812 gemalt; 2. Unvollendete Landschaft mit Dinte und Tusche gezeichnet; 3. Federzeichnung. Dabei ein eigenhändiger Reimspruch Goethes: „Willst Du der getreue Ekart sein?" (Werke, Ausg. letzter Hand, Bd. 2, S. 297.) aus Berka, den 21. Juni 1814. Unter Glas und Rahmen.
<small>Im Besitze des Fräuleins Frommann, akademischen Künstlerin, in Berlin.</small>

43. 44. Zwei Federzeichnungen, angetuscht:
    a. Der Hausberg mit dem Fuchsthurme bei Jena.
    b. In der römischen Campagna.
<small>Im Besitze der Kupferstich-Sammlung des Königl. Museums in Berlin.</small>

45. 46. Zwei Federzeichnungen:
    a. Carlsbad.
    b. Zum Andenken des 4. Oktober 1809. Goethe.
<small>Im Besitze derselben.</small>

47. 48. Zwei Blätter, Federzeichnungen in kräftigster Manier.
<small>Im Besitze derselben.</small>

48a. Eine Scene aus Goethes Studentenzeit in Straßburg, gezeichnet und radirt von Chodowiecki; dabei eine vergrößerte Photographie dieses Blattes.
<small>Im Besitze des Herrn Jügel in Frankf. a. M.</small>

49—51. <small>(liegen in dem Glaskasten Nr. 1.)</small> Ein Reißbrett mit drei Federzeichnungen von Goethe, die letzten von seiner Hand, auf Knebels Zimmer in Jena gezeichnet; dabei Schillers Gartenhaus in Jena.
<small>Im Besitze des Herrn Sal. Hirzel in Leipzig.</small>

52. 53. Zwei Blätter, Studien nach der Antike.
<small>Im Besitze der Kupferstichsammlung des Königl. Museums in Berlin.</small>

54. Querblatt in Folio. Acht Köpfe von Goethe mit Bleistift gezeichnet und physiognomisch erläutert. No. 7 u. 8. die Bildnisse des großen Kurfürsten und dessen Gemahlin, als parobierter bezeichnet, nach Lavaters Bestimmung, welcher jede Copie von zweiter und dritter Hand Carricatur nannte. Aus Lavaters Nachlaß.
<small>Im Besitze des Herrn Sal. Hirzel in Leipzig.</small>

55. Das Römische Denkmal in Igel; flüchtige Zeichnung, 1792 in der Rhein-Campagne gemacht. Vergl. Werke, A. l. H. Bd. 44, S. 181.
<small>Im Besitze der Kupferstichsammlung des Königl. Museums in Berlin.</small>

56. Friedrich v. Stein als Kind; zwei Kreidezeichnungen von Goethe.
Im Besitze der Frau Marie Zobeltitz geb. v. Stein.

57. Ein Redouten-Aufzug. Der Winter. Aquarelle.
Im Besitze der Kupferstichsammlung des Königl. Museums in Berlin.

58. 59. Zwei getuschte Mondschein-Landschaften von Goethe. Einer jungen Freundin geschenkt, um danach Lichtschirme auf Pergament zu malen und zu schaben. Unter Glas und Rahmen.
Im Besitze der Frau Laura Förster in Berlin.

60—64. Fünf Radirungen in Kupfer von Goethe, seinem Vater und dem Doctor der Rechte Hermann in Leipzig zugeeignet.
Im Besitze des Herrn Sal. Hirzel in Leipzig.

65—70. Sechs, nach Handzeichnungen Goethes von Holdermann radirte Blätter. (Auch Drucke Nr. 153.)
Im Besitze des Herrn G. Heubel in Berlin.

---

71. Der Hof in dem Goetheschen Hause in Frankfurt, gez. von Rösel.

72. Goethes Dachstübchen in dem elterlichen Hause in Frankfurt.

73. Das deutsche Haus in Wetzlar. (Werthers Leiden, erste Ausgabe vom Jahre 1774, S. 16.)
Im Besitze des Herrn Jul. Friedländer in Berlin.

74. Der Platz vor der Kirche in Wahlheim (Garbenheim. Werthers Leiden, erste Ausgabe, Leipz. vom Jahre 1774, S. 20.)
Im Besitze desselben.

75. Goethes Garten an der Ilm im Park von Weimar mit dem Hause, worin er die ersten Jahre seines dasigen Aufenthaltes wohnte, rechts vorn die Schillerbank; getuschte Zeichnung von Rösel, unter Glas.
Im Besitze der Familie v. Goethe in Weimar.

76. Goethes Haus in Weimar, von Sebbers 1830; Zeichnung unter Glas.
Im Besitze derselben.

77. Goethes Arbeitszimmer in Weimar, getuschte Zeichnung.
Im Besitze des Herrn G. Heubel in Berlin. (Verkäuflich.)

77a. Aussicht aus Goethes Hoffenster in Frankfurt a. M. Photographie nach einer Handzeichnung von Schillers Gattin.
Im Besitze der Freifrau Emilie von Gleichen-Rußwurm geb. v. Schiller.

IV. Drucke.

(Zeitschriften, Musenalmanache und Einzelwerke fremder Verfasser, welche Gedichte oder Aufsätze Goethes enthalten, sind zum größten Theile hier nicht aufgenommen.)

---

1. Unterhaltungen. Hamburg, Gedruckt und verlegt von Michael Christian Bock. Bd. 8. 1769. 8vo.

<small>S. 540: Neujahrs-Lied. „Wer kommt? wer kauft von meiner Waar?" In Musik gesetzt von Herrn Löhlein in Leipzig s. Lewes, Leben Goethes. Uebersetzt von Freese. Th. 1. 1857. S. 74. — Fehlt in den Werken.</small>

2. Vermischte Gedichte. Von Herrn J. C. Rost. Herausgegeben, 1769. 8vo. 8 Bll. u. 120 S.

<small>In der Vorrede, Goethes Verse an den Kuchenbäcker Hendel, von G.'s Freunde Horn erweitert. — Vergl. Dichtung und Wahrheit Buch 7, wo das Gedicht in der ursprüngl. Form abgedruckt ist.</small>

3. Neue Lieder, in Melodien gesetzt von Bernhard Theodor Breitkopf. Leipzig, bey Bernhard Christoph Breitkopf und Sohn. 1770. quer-4to. 2 Bll. u. 43 S.

<small>Diese Sammlung von 20 Liedern Goethes, welche mit Ausnahme des ersten und neunten, später in seine Werke aufgenommen sind, wurde zwischen Ostern und Michaelis d. Jahres 1769 gedruckt und im October 1769 ausgegeben.</small>

4. Positiones juris quas auspice deo inclyti jureconsultorum ordinis consensu pro licentia summos in utroque jure honores rite consequendi in alma Argentinensi die VI. Augusti MDCCLXXI. h. l. q. c. publice defendet Joannes Wolfgang Goethe Moeno-Francofurtensis. Argentorati ex officina Johannis Henrici Heitzii, Universit. Typographi. kl.-4to. 12 Seiten.

<small>Im Besitze des Herrn Sal. Hirzel in Leipzig.</small>

5. Von Deutscher Baukunst. D. M. Ervini a Steinbach. 1773. 8vo. 16 S. (Erschien Nov. 1772.)

<small>Im Besitze desselben.</small>

6. Von Deutscher Art und Kunst. Einige fliegende Blätter. Hamburg 1773. Bey Bode. 8vo. 1 Bl. u. 182 S.

<small>S. 119—136 Goethes Aufsatz Von Deutscher Baukunst. — Außerdem Aufsätze Herders.</small>

7. Brief des Pastors zu *** an den neuen Pastor zu *** Aus dem Französischen 1773. 8vo. 26 S.

<small>Aus dem Nachlasse des Actuar Salzmann zu Straßburg. — Im Besitze des Herrn von Loeper in Berlin.</small>

8. Dasselbe. Briefausgabe. kl.-8vo. 32 S.

<small>Im Besitze des Herrn Sal. Hirzel in Leipzig.</small>

9. Zwo wichtige bisher unerörterte Biblische Fragen zum erstenmal gründlich beantwortet, von einem Landgeistlichen in Schwaben. Lindau am Bodensee 1773. 8vo. 16 S.
<small>Aus dem Nachlasse des Actuar Salzmann zu Straßburg. — Im Besitze des Herrn v. Loeper in Berlin.</small>

10. Götz von Berlichingen mit der eisernen Hand. Ein Schauspiel. 1773. 8vo. 206 S.
<small>Original-Ausgabe, im Frühjahr d. J. 1773 erschienen, von Goethe in Gemeinschaft mit Merck verlegt.</small>

11. Dasselbe. 1773. 8vo. 160 S. Nachdruck.

12. Dasselbe. Zwote Auflage. Frankfurt am Mayn bey den Eichenbergischen Erben 1774. 8vo. 192 S. Originalausgabe.

13. Dasselbe. Zwote Auflage. Frankfurt und Leipzig 1774. 8vo. 1 Bl. u. 157 S. Nachdruck.

14. Dasselbe. Dritte Auflage. Frankfurt und Leipzig 1775. 8vo. 1 Bl. u. 157 S. Nachdruck.

15. Dasselbe. Bern, bey Beat Ludwig Walthard, 1776. 8vo. 206 S. Mit Titelkupfer u. Titelvignette. Nachdruck.

16. Götz von Berlichingen mit der eisernen Hand. Ein Schauspiel von Goethe. Aechte Ausgabe. Leipzig, bey Georg Joachim Göschen 1787. 8vo. 1 Bl. u. 221 Seiten.

17. Auszug und Inhalt der Auftritte des Schauspiels: Götz von Berlichingen mit der eisernen Hand, vom Herrn D. Göthe in fünf Aufzügen. Wie es auf dem Hamburgischen Deutschen Theater aufgeführt wird, zum leichteren Verständnisse der Zuschauer. Hamburg 1774. Gedruckt bey J. J. C. Bode. 8vo. 20 S.
<small>Im Besitze des Herrn Sal. Hirzel in Leipzig.</small>

18. Lustspiele nach dem Plautus fürs deutsche Theater. Frankfurt und Leipzig 1774. 8vo. 1 Bl. u. 330 S.
<small>Von Lenz herausgegeben, mit Beihülfe Goethes.</small>

19. Prolog zu den neuesten Offenbarungen Gottes verdeutscht durch Carl Friedrich Bahrdt. Giessen 1774. 8vo. VII Seiten.

20. Götter Helden und Wieland. Eine Farce. Auf Subscription. Leipzig, 1774. 8vo. 18 Bll. Ohne Seitenzahlen.

21. Götter Helden und Wieland. Eine Farce. Auf Subscription. Leipzig 1774. 8vo. 32 S.

22. Götter Helden und Wieland. Eine Farce. 1774. 8vo. 16 Bll. Ohne Seitenzahlen.

23. Neueröffnetes moralisch=politisches Puppenspiel. Et prodesse volunt et delectare Poetae. Leipzig und Frankfurt 1774. 8vo. 96 S.
<small>Prolog. Künstlers Erdewallen. Jahrmarktsfest zu Plundersweilen. Fastnachtspiel vom Pater Brey.</small>

24. Dasselbe, in derselben Ausgabe.
<small>Exemplar aus dem Besitze des Actuar Salzmann zu Straßburg, welcher die Censur-Lücken aus dem Manuscripte des Dichters, wie am Rande bemerkt ist, ergänzt hat. Die spätere Ergänzung dieser Lücken in G.'s Werken weicht von dem geschriebenen Texte derselben Stellen in diesem Exemplare mehrfach ab.
Im Besitze des Herrn v. Loeper in Berlin.</small>

25. Dasselbe. Ebend. 1774. 8vo. 68 S.

26. Clavigo. Ein Trauerspiel von Goethe. Leipzig, in der Weygandschen Buchhandlung. 1774. 8vo. 100 S.

27. Dasselbe. Frankfurt und Leipzig 1774. 8vo. 80 S. Nachdruck.

28. Dasselbe. Hamburg, bey Johann Hinrich Oldenstädt. 1774. 8vo. 67 S. Nachdruck.

29. Dasselbe. 1776. 8vo. 80 S. Nachdruck.

30. Clavigo. Ein Trauerspiel von Goethe. Leipzig, in der Weygandschen Buchhandlung. 1777. 8vo. 100 S.

31. Clavigo. Ein Trauerspiel in fünf Aufzügen, von Goethe. Aufgeführt auf dem Churfürstl. Theater zu München. 1778. 8vo. 72 Seiten.

32. Clavigo. Ein Trauerspiel. Von Goethe. Aechte Ausgabe. Leipzig, bey Georg Joachim Göschen, 1787. 8vo. 1 Bl. u. 112 S.

33. Die Leiden des jungen Werthers. Erster Theil. Leipzig, in der Weygandschen Buchhandlung. 1774. — Zweyter Theil desgl. 8vo. 224 S. Am Schlusse Verzeichniß von 11 Druckfehlern. Auf jedem der beiden Titel ein Druckerstock.

34. Dasselbe. Neuer Satz mit Verbesserung der Druckfehler. 224 S.

35. Die Leiden des jungen Werthers. Erster Theil. Zweyte ächte Auflage. Leipzig in der Weygandschen Buchhandlung. 1775. — Zweyter Theil. desgl. 8vo. 224 S. Auf jedem der beiden Titel eine Vignette und Verse.

36. Dasselbe. Titel übereinstimmend. Satz verschieden. Zur Unterscheidung kann die letzte Zeile dienen, welche hier heißt: „ihn. Kein Geistlicher u. s. w.", in dem vorigen Drucke: „Kein Geistlicher u. s. w." 224 S.

37. Die Leiden des jungen Werthers. Erster Theil. Freystadt, 1775. — Zweyter Theil. desgl. 8vo. 143 S. Nachdruck.

38. Die Leiden des Jungen Werthers. Bern, bei Beat Ludwig Walthard. 1775. 8vo. Kupfertitel und 118 S. Am Anfang u. am Ende Vignetten von Dunker. Nachdruck.

39. Die Leiden des jungen Werthers. Erster Theil. Zweyte ächte Auflage. Strasburg und Hanau, 1775. — Zweyter Theil. desgl. 8vo. 192 S. Auf den beiden Titeln die Verse. Nachdruck.

40. Die Leiden des jungen Werthers. Erster Theil. Aechte Auflage. Hanau und Düsseldorf 1775. — Zweyter Theil. desgl. 8vo. 200 S. Auf den beiden Titeln die Verse. Nachdruck.

41. Die Leiden des jungen Werthers. Erster Theil. Aechte vermehrte Auflage. Leipzig in der Weygandschen Buchhandlung. 1787. — Zweyter Theil. desgl. 8vo. 252 S. Auf den beiden Titeln die Verse nebst Vignette.

42. Leiden des jungen Werther. Von Goethe. Leipzig, bei Georg Joachim Göschen, 1787. 8vo. 1 Bl. u. 310 S.

43. Die Leiden des jungen Werther. Neue Ausgabe, von dem Dichter selbst eingeleitet. Leipzig, Weygandsche Buchhandlung. 1825. kl.-8vo. 4 Bll. u. 272 S. Mit Goethes Bildniß.

44. Ein Exemplar der Ausgabe des Werther, Leipzig 1825. Mit eigenhändiger Widmung Goethes an Frau Charlotte v. Stein. Im Besitze der Frau Marie v. Zobeltitz geb. v. Stein.

Wertheriana.

1. Die Leiden des jungen Werther. Eine bekannte wahre Geschichte. Hierin sämmtliche Arien, welche von Albert, Lotte und Werthern während der traurigen Begebenheit gedichtet worden sind. Frankfurth und Berlin Oberwasserstraße No. 10, bei Trowitzsch und Sohn. 8vo. 52 Seiten. (Volksbuch.)

2. Dasselbe. Zu bekommen bei dem Buchdrucker Littfas in Berlin, Adlerstraße No. 6., an der Jungfernbrücke neben Raulesbof. 8vo. 52 S. Auf dem Titel ein Holzschnitt, Werther die Flöte blasend.

3. (Heinrich Gottfried von Bretschneider.) Eine entsetzliche Mordgeschichte von dem jungen Werther, wie sich derselbe den 21. December durch einen Pistolenschuß eigenmächtig ums Leben gebracht. Allen jungen Leuten zur Warnung in ein Lied gebracht, auch den Alten fast nutzlich zu lesen. Im Thon: Hört zu ihr lieben Christen rc. Das Stück kostet 2 Kreutzer; ist ja nur ein geringes Geld. 8vo. 14 S.

4. Eine trostreiche und wunderbare Historia, betitult: Die Leiden und Freuden Werthers des Mannes; zur Erbauung der lieben Christenheit in Reime

IV. Drucke.

gebracht, und fast lieblich zu lesen und zu singen. Im Thon: Ich Mädchen bin aus Schwaben; oder auch in eigner Melodey. Gedruckt allhier in diesem Jahr, Da all's über'n arm'n Werther herwar. 8vo. 16 S.

5. Lotte bey Werthers Grab. Wahlheim, 1775. 8vo. 7 S. Mit Titelvignette. (Das Gedicht: Ausgelitten hast du ausgerungen ꝛc.)

6. Lotte bey Werthers Grabe. Wahlheim 1775. 8vo. Ausgelitten haft Du — ausgerungen .... 8. 2 Bll.

7. (Joh. Heinrich Merck.) Pätus und Arria eine Künstler-Romanze. Freistadt am Bodensee, 1775. 8vo. 15 S. Titel mit dem Motto: Paete non dolet. (Satyre, veranlaßt durch das Verbot des Romans in Leipzig.)

8. (Johann Heinr. Merck.) Pätus und Arria; eine Künstler-Romanze. Und Lotte bey Werthers Grab; eine Elegie. Beyde mit Musik. Leipzig und Wahlheim, 1775. 8vo. 16 S. u. 1 Musikblatt.

9. (v. Breidenbach.) Berichtigung der Geschichte des jungen Werthers. Frankfurt und Leipzig 1775. 8vo. 16 S.

10. Dasselbe. Freystadt 1775. 8vo. 11 S.

11. Dasselbe. Zweite verbesserte Auflage. Frankfurt und Leipzig 1775. 8vo. 16 S.

12. (Riebe.) Ueber die Leiden des jungen Werthers. Gespräche. Berlin bey George Jakob Decker 1775. 8vo. 76 S. Auf dem Titel das Motto: Wo willst du hinfliehen? Das Gespenst ist in deinem Herzen! Rousseau.

13. (Joh. Aug. Schlettwein.) Briefe an eine Freundinn über die Leiden des jungen Werthers. Carlsruhe, bey Michael Macklot, 1775. 8vo. 60 S. und 1 Blatt Druckf.-Verzeichniß.

14. (Joh. Aug. Schlettwein.) Des jungen Werthers Zuruf aus der Ewigkeit an die noch lebende Menschen auf der Erde. Carlsruhe, bey Michael Macklott. 1775. 8vo. 80 S.

15. (J. M. Goeze.) Kurze aber nothwendige Erinnerungen über die Leiden des jungen Werthers, über eine Recension derselben, und über verschiedene nachher erfolgte dazu gehörige Aufsätze. Aus den freyw. Beytr. zu den Hamb. Nachr. aus dem Reiche der Gelehrsamkeit, um solche gemeinnütziger zu machen, besonders abgedruckt. Hamburg, gedruckt und zu bekommen bey L. S. Schröders Wittwe. 1775. 8vo. 16 S.

16. Schwacher, jedoch wohlgemeinter Tritt vor den Riß neben oder hinter Herrn Pastor Goeze. Hamburg 1775. 8vo. 32 S.

17. Werther in der Hölle. Holla, 1775. 8vo. XVI u. 96 S. Abdruck der „Briefe an eine Freundin" und „Jo. Melch. Goezens kurze aber nothwendige Erinnerungen u. s. w." Voran ein Einleitungsschreiben und: Sendschreiben eines Rechtgläubigen an den Erzpriester der Evangelisch-Lutherischen Kirche in Hamburg. Unterz.: Hans Michael Schlegelbauer. W. den 26. Dec. 1774.

18. (Isaak Daniel Dilthey.) Werther an seinen Freund Wilhelm, aus dem Reiche der Todten. Berlin 1775. Bey G. L. Winters Wittwe und Erben. 8vo. 46 S. Auf dem Titel das Motto: Wehe dem, durch den Aergerniß kömmt. Matth. XVIII. 7.

IV. Drucke.

19. (Heinrich. Leop. Wagner.) Prometheus Deukalion und seine Recensenten. Voran ein Prologus und zuletzt ein Epilogus. 1775. 8vo. 28 S. Mit Holzschnitten. — Sechs Exemplare dieses Drucks, dadurch von einander verschieden, daß auf dem Titelblatt verschiedene Orte als Druckort angegeben sind, nämlich: Berlin, Göttingen, Weimar, Hamburg, Düsseldorf, Leipzig.

20. Dasselbe. Freystadt, 1775. 8vo. 16 S. Ohne Holzschnitte. Nachdr.

21. Goethes Erklärung, daß er nicht Verfasser von Prometheus, Deukalion u. s. w. sei, vom 9. April 1775. (Fränkisches Magazin. 1775. Stück 18. — Ursprünglich als Einzelblatt gedruckt.)

22. (Jo. Jac. Hottinger.) Menschen, Thiere und Goethe. Eine Farce. Voran ein Prologus an die Zuschauer und hinten ein Epilogus an den Herrn Doktor. 1775. 8vo. 24 S. (In Zürich bei Orell gedruckt.)

23. Dasselbe. Altona 1775. 8vo. 22 S.

24. Dasselbe. Zweyte Auflage 1776. 8vo. 24 S.

25. (Chrph. Friedr. Nicolai.) Freuden des jungen Werthers — Leiden und Freuden Werthers des Mannes. Voran und zuletzt ein Gespräch. Berlin, bey Friedrich Nicolai. 1775. 8vo. 60·S. Mit Titelvignette von Chodowiecky. (Andere Exemplare haben statt der Vignette einen Druckerstock.)

26. Dasselbe. Freystadt, 1775. 8vo. 52 S. Nachdruck.

27. Dasselbe. Wie auch Berichtigung der Geschichte des jungen Werthers. Schaffhausen 1775. 8vo. 68 S. Nachdruck.

28. Goethes Gedicht auf Nicolais Freuden Werthers, in zwei (späteren) Drucken.

29. (Chrn. Aug. v. Bertram.) Etwas über die Leiden des jungen Werthers, und über die Freuden des jungen Werthers. 1775. 8vo. 38 S. Auf dem Titel das Motto: Mögen sie doch reden, was kümmert's mich!

30. (August Cornelius Stockmann.) Die Leiden der jungen Wertherinn. Eisenach in der Griesbachischen Buchhandlung, 1775. 8vo. 112 S. Mit Titelvignette.

31. Dasselbe. Zwote, verbesserte Auflage. Ebend. 1776. 8vo. 144 S. und 4 Bll. Vorrede, dat. 20. Nov. 1775. Mit Titelvignette.

32. (Aug. Friedr. v. Goué.) Masuren oder der junge Werther. Ein Trauerspiel aus dem Illyrischen. Frankfurth und Leipzig 1775. 8vo. 158 Seiten.

33. Versuch einer Poesie über einen wichtigen Brief des jungen Werthers, von einem Liebhaber der Dichtkunst G. A. S. Schwabach 1776. 8vo.

34. Marie v. Wahlburg. Ein Trauerspiel von B. C. d'Arien. Leipzig. Weygand 1776. 8vo.

35. (Ernst Aug. Anton v. Göchhausen.) Das Werther-Fieber, ein unvollendetes Familienstück. Nieder-Teutschland (Leipzig) im Jahr 1776. 8vo. 230 S. Mit einem Titelkupfer und einer Vignette.

36. Die Leiden des jungen Werthers. Ein Trauerspiel in drey Aufzügen, fürs deutsche Theater. Ganz aus dem Original gezogen. Frankfurt am Mayn, bey Johann Gottlieb Garbe, 1776. 8vo. 46 S. (Nach dem französischen Stück: „Les Malheurs de l'amour".)

IV. Drucke.

37. Dasselbe. Ebend. 1776. 8vo. 62 S. Titel in Kupfer gestoch.

38. Dasselbe. Bern bei Jeremias Walthard. 1776. 8vo. 62 S. Titel in Kupfer gestochen.

39. Schreiben des Herrn von R*** an das Fräulein von B*** über die Vorstellung des Trauerspiels: die Leiden des jungen Werthers in Nürnberg, nebst einer kurzen Nachricht von der Moserischen Schauspieler Gesellschaft. 1776. 8vo. 8 Bll. (Datirt: Nürnb. 30. Jan. 1776.)

40. Ernest, oder die unglücklichen Folgen der Liebe. Ein Drama in drei Aufzügen. In einer freien Uebersetzung aus dem Französischen nach den Leiden des jungen Werthers gearbeitet. Berlin, 1776. 8vo. 61 S. (Nach demselben französischen Stück.)

41. (Peter Wilh. Hensler) Lorenz Konau. Ein Schauspiel in Einer Handlung. Altona bey David Iversen, 1776. 8vo. 48 S.

42. Die Leiden des jungen Franken, eines Genies. Minden, bey Justus Henrich Körber, 1777. 8vo. 2 Bll. u. 110 S. Auf dem Titel eine Vignette und Verse: Jeder Narre sehnt sich so zu lieben u. s. w

43. (Joh. Jac. Hottinger) Briefe von Selkof an Welmar. Herausgegeben von Welmar. Zürich, bey Orell, Geßner, Fuesslin und Comp. 1777. 8vo. 300 S. Mit Titelkupfer und Vignette.

44. Albert und Lotte, oder die Tugend bei der größten Armuth. Ein Schauspiel in zwei Aufzügen. Prag, 1777. 8vo.

45. Und er erschoß sich nicht. Leipzig 1778.

46. (Willer) Werther. Ein bürgerliches Trauerspiel in Prosa und drei Akten. Frankfurt und Leipzig. 1778. 8vo. VIII u. 160 S. Auf dem Titel das Motto: Illic est, cuicunque rapax mors venit amanti Et gerit insigni myrthea serta coma. Tibullus. (Mit einem Widmungsgedichte an den Minister v. Hohm.)

47. Man denkt verschieden bey Werthers Leiden, ein Schauspiel in drey Aufzügen. 1779. 8vo. 101 S. n. ein Titelkupfer.

48. (Aug. Friedr. Cranz) Des jungen Werthers Freuden in einer bessern Welt. Ein Traum vielleicht aber voll süßer Hoffnung für fühlende Herzen, von dem Verfasser der Lieblingsstunden. Berlin und Leipzig, bei Christian Ludwig Stahlbaum. 1780. 8vo. 2 Bll. u. 100 S.

49. Kronholm, oder: Gleich ist Werther fertig. Schauspiel von Schmieder. Leipzig 1783. 8vo. 93 S.

50. Afterwerther. Ein Schauspiel. Lübeck 1784. 8vo.

51. Die Leiden der jungen Fanni. Eine Geschichte unserer Zeiten in Briefen von F. G. v. Nesselrode. Augsburg, bey Conrad Heinrich Stage, 1785. 8vo. 80 S. Mit Titelvignette.

52. Des jungen Sternheims Leiden und Freuden, oder die Gefahren einer frühen Liebe. Leipzig 1785, bey Carl Friederich Schneidern. 8vo. 6 Bll. u. 204 S. Mit Titelvignette.

53. Das Werther-Fieber ein Schauspiel in fünf Aufzügen. Von L. A. Hoffmann. Aufgeführt im K. K. National-Hof-Theater, Wien, 1785. Zu finden beym Logenmeister beyder K. K. Theater. 8vo. 125 S.

54. Lottens Briefe an eine Freundin während ihrer Bekanntschaft mit Werthern. Zwey Theile. Aus dem Englischen übersetzt. Berlin und Stettin

bey Friedrich Nicolai. 1788. 8vo. 6 Bll. u. 160 S. Mit 1 Titelkupfer. (Uebersetzung von: Letters of Charlotte during her connexion with Werther. London 1786. — Uebersetzer: Wilh. Friedr. Herm. Reinwald.)

55. Lottens Geständnisse, in Briefen an eine vertraute Freundin, vor und nach Werthers Tode geschrieben. Aus dem Englischen, nach der fünften amerikanischen Ausgabe. Mit Lottens höchst ähnlichem Bildnisse, nach einem Familien-Gemälde und einem Facsimile ihrer Handschrift, aus einem Erinnerungsbuche. Trier 1825. Bei F. A. Gall. kl. 8vo. XIV u. 241 S.

56. Narcisse. Eine Englische Wertheriade. Leipzig, in der Weygandschen Buchhandlung. 1793. 8vo. 384 S.

57. Des Amtmanns Tochter von Lüde. Eine Wertheriade. Bremen 1797. 8vo. 272 S.

58. Aemil und Julie oder die Unzertrennlichen. Ein Seitenstück zu Werthers Leiden von K. Albrecht. Berlin, C. G. Schöne 1800. 8vo. 217 S.

59. (Carl Phil. Bonafont) Der neue Werther, oder Gefühl und Liebe. Von *** (Nürnberg) 1804. 8vo. 108 S.

60. Praxede oder der französische Werther. Uebersetzt von Saul Ascher. Berlin, bei Duncker und Humblot. 1809. 8vo. XVI u. 285 S.

61. Leben und geringe Thaten von Werther dem Sekretär, Einem gutmüthig-grausigen Liebhaber, Der sich ohne Ursache viel Ruhm erwarb, Doch endlich durch einen Pistolenschuß starb. Geschrieben und leider auch gedruckt in Leipzig da man zählte 1779. kl. 8vo. 18 S.

---

45. Hieronymi Petri Schlosseri J. V. D. Poematia. Francofurti ad Moenum apud Eichenbergios heredes. MDCCLXXV. 8vo. 96 S.
<small>Enthält S. 86 ein Gedicht Goethes an Schlosser: „Du, dem die Musen." (Werke Bd. 6, S. 70.)</small>

46. Rheinischer Most Erster Herbst. 1775. 8vo. 4 Bll. u. 183 S.
<small>Enthält Goethes Puppenspiel, Prolog zu Bahrdt und Götter Helden und Wieland nebst 3 Schriften andrer Verf.</small>

47. Iris. (Herausg. von J. G. Jacobi.) Bd. 2. Düsseldorf 1775. 8vo.
<small>März S. 161—226. Erwin und Elmire, ein Schauspiel mit Gesang. Den kleinen Strauß, den ich dir binde ꝛc. — Die älteste Form des Stücks.</small>

48. Erwin und Elmire, ein Schauspiel mit Gesang. Frankfurt u. Leipzig 1775. 8vo. 64 S. Auf dem Titel die Verse: Den kleinen Strauß, den ich dir binde u. s. w.

49. Erwin und Elmire, ein Schauspiel mit Gesang. von J. W. Goethe. Frankfurt u. Leipzig 1775. 8vo. 64 S. Auf dem Titel dieselben Verse — Andrer Druck als der vorstehende.

50. Erwin und Elmire, ein Schauspiel mit Gesang. Von D. Goethe. Zweite Auflage. Berlin 1776. Bey Christian Friedrich Himburg. 8vo. 50 S. Mit Titelkupfer. Auf dem Titel dieselben Verse.

51. Erwin und Elmire. Ein Schauspiel mit Gesang. Bern, bey Beat Ludwig Walthard, 1776. 8vo. 58 S. Auf dem Titel dieselben Verse.

52. Erwin und Elmire. Ein Schauspiel in zween Aufzügen, von Göthe. Aufgeführt auf dem Churfürstl. Theater zu München. Mit Genehmhaltung des Churfürstl. Büchercensurcollegiums. 1777. 38 S.

53. Erwin und Elmire. Ein Singspiel. Von Goethe. Aechte Ausgabe. Leipzig, bey Georg Joachim Göschen. 1788. 8vo. 1 Bl. u. 64 S.
 Neue Bearbeitung.

54. Neuer Versuch über die Schauspielkunst. Aus dem Französischen (des Mercier von H. L. Wagner). Mit einem Anhang aus Goethe's Brieftasche. Leipzig im Schwickertschen Verlage. 1776. 8vo. 1 Bl. 508 S. u. Inhaltsanzeige.
 S. 483—508. Aufsätze und Gedichte Goethes.

55. Stella. Ein Schauspiel für Liebende in fünf Akten, von J. W. Goethe. Berlin 1776. bey August Mylius, Buchhändler in der Brüderstraße. 8vo. 2 Bl. u. 115 S.

56. Stella, ein Schauspiel für Liebende, von J. W. Goethe. Sechster Akt. 8vo. Durch Bogen und Seitenzählung, 117—148, an die Original=Ausgabe anschließend.
 Verfasser: Hofprediger Pfranger in Meiningen.

57. Stella. Nummer Zwei. Oder Fortsetzung des Goethe'schen Schauspiels Stella, in fünf Akten. Frankfurt und Leipzig, 1776. 8vo. 96 S.
 Verfasser unbekannt.

58. Stella. Ein Schauspiel für Liebende in fünf Akten von J. W. Goethe. Schafhausen 1776. 8vo. 96 S. Nachdruck.

59. Dasselbe. Freistatt, 1776. 8vo. 2 Bll. u. 75 S. Nachdruck.

60. Dasselbe. Münster, auf Kosten der Hofschauspielergesellschaft, u. s. w. 1776. 8vo. 2 Bll. u. 75 S. Nachdruck.

61. Dasselbe. Bern, Verlegt bey B. Ludwig Walthard. 1776. 8vo. 104 S. Nachdruck.

62. Stella. Ein Schauspiel für Liebende in sechs Akten von J. W. Goethe. 1776. 8vo. 78 S. (S. 63—78 Sechster Akt.) Nachdruck.

63. Claudine von Villa Bella. Ein Schauspiel mit Gesang von J. W. Goethe. Berlin bey August Mylius. 1776. 8vo. 127 S.
<small>Aeltere Bearbeitung.</small>

64. Claudine von Villa Bella. Ein Singspiel. Von Goethe. Aechte Ausgabe. Leipzig, bey Georg Joachim Göschen. 1788. 8vo. 1 Bl. u. 126 Seiten.
<small>Neue Bearbeitung.</small>

65. Olla Potrida (Zeitschrift). Berlin 8vo. Jahrgang 1778.
<small>S. 205—211. Gesänge aus Lila, einem Schauspiel von Goethe.</small>

66. Litteratur- und Theater-Zeitung. Berlin. 8vo. Jahrg. I. 1778.
<small>No. IX. Proserpina, ein Monodrama von Goethe.</small>

67. Die Fischerinn ein Singspiel. Auf dem natürlichen Schauplatz zu Tiefurth vorgestellt. 1782. (Weimar) 8vo. 22 Bll.
<small>Im Besitze des Herrn Sal. Hirzel in Leipzig. — Dieses Stück erschien auch gedruckt in der Litteratur- und Theater-Zeitung. Berlin No. 38. vom 21. Sept. 1782.</small>

68. Journal von Tieffurth, vierzigstes Stück (1782). Original-Manuscript.
<small>Im Besitze des Herrn Sal. Hirzel in Leipzig. — Dieses Journal, dessen Ankündigung vom 15. Aug. 1781 datirt ist, wurde handschriftlich in wöchentlichen Nummern ausgegeben. Das vorliegende Stück enthält von Goethe das Gedicht „Edel sei der Mensch" (Werke Bd. 2 S. 67) und das Distichon: Entschuldigung (Werke. Bd. 1, S. 216.)</small>

69. Sammlung von Reden und Glückwünschungs-Gedichten auf die durch Gottes Gnade am 2. Febr. 1783 geschehene Höchsterfreuliche Geburth des .... Erb-Prinzen .... Weimar, zu haben bey J. N. Dornberger 8vo. 200 S. u. 1 Titelkupfer.
<small>Seite 39. Das Gedicht Goethes: „Vor vierzehn Tagen harrten wir" (Werke. Bd. 6, S. 15).</small>

70. Der regierenden Herzoginn von Weimar Zum XXX. Januar MDCCLXXXIV. An Deinem Tage reget sich u. s. w. 8vo. 8 Bl. (Werke Bd. 6. S. 192).
<small>Im Besitze des Herrn Sal. Hirzel in Leipzig.</small>

71. Rede bei Eröffnung des neuen Bergbaues zu Ilmenau, den 24ten Februar 1784. 4to. 4 Bll.
<small>Im Besitze desselben.</small>

72. (Fr. Heinr. Jacobi) Ueber die Lehre des Spinoza in Briefen an den Herrn Moses Mendelssohn. Breslau, bey Gottl. Löwe. 1785. 8vo.
<small>Vor dem Vorbericht das Gedicht: „Edel sei der Mensch", (Werke Bd. 2, S. 67) und zwischen S. 48 u. 49 auf 2 Bll. das Gedicht Prometheus. (Werke Bd. 2, S. 62).</small>

IV. Drucke.

73. Schwäbisches Museum. Herausgegeben von Johann Michael Armbruster. Bd. 1. Kempten 1785. 8vo.

<small>S. 1—28. Scenen aus Iphigenia in Tauris, Einem ungedruckten Trauerspiel von Goethe (in Prosa). — Das hier gedruckte ist: Act 1 Sc. 1, Act 3 Sc. 1. 2. 3, Act 4 Sc. 1 und ein Stück aus der letzten Sc. des 4ten Acts. — Act 1 Sc. 1 und Act 3 Sc. 1. 2 findet sich im Wortlaut übereinstimmend auch in: Ephemeriden der Litteratur und des Theaters Bd. 2. Berlin 1786. S. 382—398 und Bd. 4, S. 10—12.</small>

74. Iphigenie auf Tauris. Ein Schauspiel. Von Goethe. Aechte Ausgabe. Leipzig, bey Georg Joachim Göschen, 1787. 8vo. 1 Bl. u. 136. S.

<small>In der älteren prosaischen Bearbeitung wurde Iphigenie im Jahre 1779 in Weimar aufgeführt.</small>

75. Iphigenie auf Tauris. Ein Schauspiel von Goethe. Leipzig bey Georg Joachim Göschen. 1790. 8vo. 1 Bl. u. 136 S.

76. Iphigenia von Goethe. Abdruck zur Feier des VII. November MDCCCXXV. Weimar. (Jena, gedruckt bey J. G. Schreiber.) 4to. 138 S.

77. Die Mitschuldigen. Ein Lustspiel. Von Goethe. Aechte Ausgabe. Leipzig, bey Georg Joachim Göschen, 1787. 8vo. 1 Bl. u. 128 S.

78. Die Geschwister. Ein Schauspiel. Von Goethe. Aechte Ausgabe. Leipzig, bey Georg Joachim Göschen, 1787. 8vo. 1 Bl. u. 44 Seiten.

<small>Am 26. October 1776 zuerst aufgeführt.</small>

79. Der Triumph der Empfindsamkeit. Eine dramatische Grille. Von Goethe. Aechte Ausgabe. Leipzig, bey Georg Joachim Göschen. 1787. 8vo. 1 Bl. u. 118 S.

<small>Am 30. Januar 1778 zuerst aufgeführt.</small>

80. Die Vögel. Nach dem Aristophanes. Von Goethe. Aechte Ausgabe. Leipzig, bey Georg Joachim Göschen, 1787. 8vo. 1 Bl. u. 64 S.

<small>Am 18. August 1780 zuerst aufgeführt.</small>

81. Ueber die bildende Nachahmung des Schönen. von Karl Philipp Moritz. Braunschweig 1788. In der Schul-Buchhandlung. 8vo. 52 S.

<small>Aus den Unterhaltungen des Verf. mit Goethe in Italien hervorgegangen.</small>

82. Egmont. Trauerspiel von Göthe. Leipzig, bey G. J. Göschen. 1788. 8vo. 1 Bl. u. 177 S.

83. Egmont. Ein Trauerspiel in fünf Aufzügen. Von Goethe. Mainz, im Verlag der herausgebenden Gesellschaft. 1789. 8vo. 1 Bl. u. 136 S.

84. Egmont. Ein Trauerspiel in fünf Aufzügen, von Goethe. Leipzig, bey Georg Joachim Göschen, 1790. 8vo. (S. 1—198 des 5. Bandes der „Schriften" mit besondrem Titelblatt.).

85. Das römische Carneval. Berlin, gedruckt bey Johann Friedrich Unger. Weimar und Gotha. In Commission bey Carl Wilhelm Ettinger. 1789. 4to. 69 Seiten u. 1 Bl. Mit Titelvignette und 20 color. Kupfertafeln.

86. Jery und Bätely. Ein Singspiel. Von Goethe. Aechte Ausgabe. Leipzig, bey Georg Joachim Göschen, 1790. 8vo. 1 Bl. u. 56 S.

<small>1779 geschrieben. — Am 22. Juli 1782 mit Musik von Seckendorf zuerst aufgeführt.</small>

87. Scherz, List und Rache. Ein Singspiel. Von Goethe. Aechte Ausgabe. Leipzig, bey Georg Joachim Göschen, 1790. 8vo. 1 Bl. u. 96 S.

<small>Im December 1785 zuerst aufgeführt.</small>

88. Torquato Tasso. Ein Schauspiel. Von Goethe. Aechte Ausgabe. Leipzig bey Georg Joachim Goeschen. 1790. 8vo. 1 Bl. u. 222 S.

89. J. W. von Goethe, Herzoglich Sachsen-Weimarischen Geheimenraths Versuch die Metamorphose der Pflanzen zu erklären. Gotha, bey Carl Wilhelm Ettinger. 1790. 8vo. 3 Bll. u. 86 S.

90. Versuch die Metamorphose der Pflanzen zu erklären, von J. W. von Goethe. Gotha. Ettingersche Buchhandlung. 1790. kl. 8vo. (Gotha, gedruckt mit Reyherschen Schriften). 2 Bll. u. 79 S.

91. J. W. von Goethe: Versuch über die Metamorphose der Pflanzen. Übersetzt von Friedrich Soret, nebst geschichtlichen Nachträgen. Stuttgart, in der Cottaschen Buchhandlung. 1831. 8vo. 2 Bll. u. 239 S. Deutsch und Französisch.

92. Faust. Ein Fragment. Von Goethe. Aechte Ausgabe. Leipzig, bey Georg Joachim Goeschen. 1790. 8vo. 1 Bl. u. 168 S.

<small>Dieses zuerst gedruckte Fragment des Faust enthält, bis auf unwesentliche Zuthaten, nur diejenigen Scenen, welche Goethe schon vor seiner Uebersiedelung nach Weimar geschrieben hatte. — Es giebt Exemplare der betreffenden Bogen des 7. Bandes der „Schriften" mit dem Titel: Faust, ein Trauerspiel von Goethe, und der falschen Jahrzahl 1787.</small>

93. Faust. Eine Tragödie. von Goethe. Tübingen, in der J. G. Cottaschen Buchhandlung. 1808. kl. 8vo. 309 Seiten.

<small>Der erste Druck des vollständigen ersten Theils der Fausttragödie.</small>

94. J. W. von Goethe, Beyträge zur Optik. Erstes Stück mit XXVII. Tafeln. Weimar, im Verlag des Industrie-Comptoirs. 1791. — Zweytes Stück mit einer großen Tafel und einem Kupfer. Ebendas. 1792. kl. 8vo. 1 Bl. u. 62 S. 1 Bl. u. 30 S. nebst einem Bl. Druckfehler.

95. Der Groß-Cophta. Ein Lustspiel in fünf Aufzügen von Goethe. Berlin, bey Johann Friedrich Unger. 1792. 8vo. 1 Bl. und 241 S.

96. Der Bürgergeneral. Ein Lustspiel in einem Aufzuge. Zweyte Fortsetzung der beyden Billets. Berlin. Bei Johann Friedrich Unger. 1793. 8vo. 1 Bl. u. 138 S.
<small>Die beiden Billets und die Fortsetzung: der Stammbaum, von Anton Wall (pseudonym für C. L. Heine) waren beliebte Theaterstücke.</small>

97. Reineke Fuchs, in zwölf Gesängen. (Goethes neue Schriften, Zweyter Band. Berlin. Bei Joh. Friedrich Unger. 1794. 8vo.

98. Wilhelm Meisters Lehrjahre. Ein Roman. Herausgegeben von Goethe. Erster bis vierter Band. Berlin. Bey Johann Friedrich Unger. 1795. 8vo. 364 S. u. 3 Musikbeilagen, 334 S. u. 2 Musikbeilagen, 371, 507 S.

99. Benvenuto Cellini. Eine Geschichte des XVI. Jahrhunderts. I—III. Theil. Braunschw. bey J. Bauer MDCCXCVIII. 8vo. Titel in Kupfer u. 1 Tabelle.
<small>Gedruckt in Wien. Abdruck aus den Horen Jahrg. 1796 u. folg. Ein zweiter Abdruck erschien 1801.</small>

100. Leben des Benvenuto Cellini, Florentinischen Goldschmieds und Bildhauers, von ihm selbst geschrieben, übersetzt und mit einem Anhange herausgegeben von Goethe. 1. Theil. Tübingen, im Verlag der J. G. Cottaschen Buchhandlung 1803. 8vo. 1 Bl. 316 S. u. 4 Bll. Mit Titelkupfer. 2 Theil. Desgl. 1 Bl. u. 334 S.

101. Propylaeen. Eine periodische Schrift, herausgegeben von Goethe. Bd. 1—3. Tübingen, in der J. G. Cottaschen Buchhandlung. 1798—1800. 8vo.

102. Taschenbuch für 1798. Herrmann und Dorothea, von J. W. von Goethe. Berlin bey Friedrich Vieweg dem älteren. kl. 8vo. 1 Bl. u. 174 S. Voran ein Kalender, 6 landschaftliche Ansichten bezeichnet mit den Nummern 1. 2. 7. 8. 9. 10., ein Modenbild und ein allegorisches Titelkupfer.
<small>Andre Exemplare haben ein andres Modenbild und als Titelkupfer die Darstellung der preuß. Königsfamilie. Auch sind Exemplare mit gesticktem Umschlage ausgegeben worden.</small>

103. Herrmann und Dorothea, von J. W. von Goethe. Neue Ausgabe mit zehn Kupfern. Braunschweig, bei Friedrich Vieweg. 1799. 8vo. 1 Bl. u. 231 S.

104. Dasselbe. Neue Ausgabe. Braunschweig, gedruckt und verlegt bey Friedrich Vieweg o. J. kl. 8vo. 239 S. Mit einem Titelbilde in Holzschnitt und kleinen Bildern der Musen.

105. Dasselbe. Neue Ausgabe mit vier Kupfern nach Kolbe von Esslinger. Braunschweig, 1822, gedruckt und verlegt von Friedrich Vieweg. gr. 8vo. 1 Bl. u. 239 S.

106. Neujahrs-Taschenbuch von Weimar, auf das Jahr 1801. Herausgegeben von Seckendorf. Weimar, gedruckt und verlegt bey den Gebrüdern Gädicke. kl. 8vo.

S. I—XXXVI. Palaeofron und Neoterpe. Mit 1 Kupfer.

107. Taschenbuch auf das Jahr 1802. Der Liebe und Freundschaft gewidmet. Bremen, bei Friedrich Wilmans.

S. 15—36: Der Zauberflöte zweiter Theil. Entwurf zu einem dramatischen Mährchen. Von v. Goethe.

108. Was wir bringen. Vorspiel, bey Eröffnung des neuen Schauspielhauses zu Lauchstädt. Von Göthe. Tübingen, in der J. G. Cottaschen Buchhandlung. 1802. 8vo. 80 S.

109. Tancred. Trauerspiel in fünf Aufzügen, nach Voltaire von Goethe. Tübingen, in der J. G. Cottaschen Buchhandlung. 1802. 8vo. 104 S.

110. Mahomet. Trauerspiel in fünf Aufzügen, nach Voltaire von Goethe. Tübingen, in der J. G. Cottaschen Buchhandlung. 1802. 8vo. 102 S.

111. Taschenbuch auf das Jahr 1804. Herausgegeben von Wieland und Goethe. Tübingen, in der Cottaschen Buchhandlung. (Jena, gedruckt bey Frommann und Wesselhöft.) 8vo. 2 Bl. u. 152 S.

Enthält S. 89—152: Der Geselligkeit gewidmete Lieder. Von Goethe.

112. Taschenbuch auf das Jahr 1804. Die natürliche Tochter. Trauerspiel von Goethe. Tübingen, in der Cottaschen Buchhandlung. (Jena, gedruckt bei Frommann und Wesselhöft). kl. 8vo. 1 Bl. u. 224 S.

113. Die natürliche Tochter. Trauerspiel von Goethe. Berlin, 1804. 8vo. 2 Bl. u. 140 S. Nachdruck.

114. Dasselbe. Mannheim 1804. 8vo. 136 S. Nachdruck.

115. Dasselbe. 1804. Frankfurt und Leipzig. 8vo. 143 S. Nachdruck.

116. Rameau's Neffe. Ein Dialog von Diderot. Aus dem Manuscript übersetzt und mit Anmerkungen begleitet von Goethe. Leipzig, bey G. J. Göschen. 1805. 8vo. 1 Bl. u. 481 S.

117. Dasselbe. Wien, in Commission bey Geistinger. 8vo. 1 Bl. u. 200 S. Mit Titelkupfer.

118. Winkelmann und sein Jahrhundert. In Briefen und Aufsätzen, herausgegeben von Goethe. Tübingen, in der J. G. Cotta'schen Buchhandlung. 1805. 8vo. XVI u. 496 Seiten.

119. Zum feyerlichen Andenken der Durchlauchtigsten Fürstin und Frau Anna Amalia, verwittweten Herzogin zu Sachsen-Weimar und Eisenach, gebornen Herzogin von Braunschweig und Lüneburg. (1807.) fol. 2 Bl.
<small>Die Rede wurde in dieser Form an die Geistlichen des Landes versandt, um von den Kanzeln verlesen zu werden.</small>

120. Sammlung zur Kenntniß der Gebirge von und um Karlsbad angezeigt und erläutert von Goethe. Karlsbad, gedruckt mit Johanna Franteckischen Schriften. 1807. 8vo. 32 S. (Joseph Müllersche Sammlung.)
<small>Goethes mit Schreibpapier durchschossenes Handexemplar. — Im Besitze des Herrn v. Loeper in Berlin.</small>

121. Zur Kenntniß der böhmischen Gebirge. 8vo. 32 S.
<small>Neuer Abdruck der Beschreibung der Jos. Müllerschen Sammlung. Mit einem Vorworte Goethes, datirt 1. Juli 1817, und Nachträgen.</small>

122. Die Wahlverwandtschaften. Ein Roman von Goethe. Erster Theil. Tübingen, in der J. G. Cotta'schen Buchhandlung. 1809. Zweiter Theil. Desgl. 8vo. 1 Bl. 306 u. 340 S.

123. Pandora, von Goethe. Ein Taschenbuch für das Jahr 1810. Wien u. Triest, in der Geistingerschen Buchhandlung. 8vo. 64 S. u. 4 Umrisse.
<small>Zuerst gedruckt in der Zeitschrift Prometheus. Wien 1808.</small>

124. Die Romantische Poesie. Stanzen zur Erklärung eines Maskenzugs aufgeführt den dreissigsten Januar. Weimar, 1810. 4to. 16 S. (Werke. Bd. 6. S. 203 flg.)

125. Völkerwanderung. Poesieen, gesammelt bei einem Maskenzug aufgeführt den sechzehnten Februar. Weimar, 1810. quer 4to. 20 S.
<small>Enthält 3 Gedichte G's. Werke. Bd. 6. S. 212 u. folg.</small>

126. Ihro Majestät der Allerdurchlauchtigsten Frau Maria Ludovica Kaiserinn von Oesterreich bey Ihrer höchst beglückenden Anwesenheit in Karlsbald allerunterthänigst zugeeignete Gedichte. 1810. 8vo. 8 Bl. (Werke. Bd. 6. S. 271 ff.)

127. Ihro Majestät der Aller Durchlauchtigsten Frau Frau Maria Ludovica Kaiserinn von Oesterreich am Tage Ihrer höchst beglückenden Ankunft zu Karlsbad allerunterthänigst überreicht von der Karlsbader Jugend den 6. Juny 1810. Fol. 2 Bll.
   Gedicht: Der Kaiserinn Ankunft. (Werke Bd. 6 S. 271). — Im Besitze des Herrn Walther v. Goethe in Weimar.

128. Der Kaiserin Platz. Den 19. Juny 1810. Fol. 1 Bl. (Werke, Bd. 6, S. 274.)
   Im Besitze desselben.

129. Zur Farbenlehre: von Goethe. Erster Band. Nebst einem Hefte mit sechzehn Kupfertafeln. Tübingen, in der J. G. Cottaschen Buchhandlung. 1810. XLVIII u. 654 S. — Zweyter Band desgl. XXVIII u. 757 S. 8vo.

130. Anzeige und Uebersicht des Goethischen Werkes zur Farbenlehre. Tübingen, bey Cotta. 1810. in 8vo. 4to. 12 S.

131. Prolog. Halle, den 6. August 1811. Daß ich mit Kränzen heute reichlich ausgeschmückt u. s. w. 2 Bll. 4to. (Werke, Bd. 6, S. 413.)
   Im Besitze des Herrn Sal. Hirzel in Leipzig.

132. Aus meinem Leben, Dichtung und Wahrheit. Von Goethe. Th. 1.—3. Abth. 2. Th. 1.—5. Tübingen in der J. G. Cottaischen Buchhandlung. 1811—1822. 8vo.

133. Philipp Hackert. Biographische Skizze, meist nach dessen eigenen Aufsätzen entworfen von Goethe. Tübingen, in der J. G. Cottaischen Buchhandlung. 1811. 8vo. XII u. 346 S.

134. An Madam Wolff. Zum 10. December 1812. Erlaubt sey Dir, in mancherley Gestalten, u. s. w. Darunter die Initialen „V" und „G". 1 Bl. Fol. (Werke, Bd. 6, S. 77.)
   Im Besitze des Herrn Sal. Hirzel in Leipzig.

135. (Glückwunsch an die Erbgrossherzogin.) Die Blumen, in den Wintertagen u. s. w. XVI. Februar MDCCCXII. (Werke, Bd. 6, S. 49.) Ein mit Blumen verziertes Blatt. schmal querfolio.
   Im Besitze des Herrn Sal. Hirzel in Leipzig. — S. die ergötzliche Entstehungsgeschichte dieser Verse in einem Briefe von Charlotte von Schiller vom 5. Februar 1812 (Charlotte von Schiller u. ihre Freunde Thl. I., S. 621).

136. Blumen auf den Weg Ihro des Kaisers Majestät am Tage der höchst beglückenden Ankunft zu Karlsbad allerunterthänigst gestreut von der Karlsbader Bürgerschaft den 2. Juli 1812. Fol. 3 Bll. (Werke, Bd. 6, S. 277 ff.)

137. Idyllische Cantate, zum 30. Januar 1813. Weimar 4 Bll. 8vo. (Werke, Bd. 8, S. 359.)
>Im Besitze des Herrn Sal. Hirzel in Leipzig.

138. Wieland's Todtenfeier in der Loge Amalia zu Weimar am 18. Februar 1813. Gedruckt als Manuscript für Brüder. 8vo. 40. 30. u. 15 Seiten.
>Darin: Wielands Andenken in der Loge Amalia gefeiert den 18. Februar 1813 (Rede von Goethe) 30 S. — Es erschien auch ein besondrer Abdruck in 4to.

139. Höhen der alten und neuen Welt bildlich verglichen von Hrn. G. R. von Goethe. Mit einem colorirten Tableau. Weimar, Im Verlage des Landes-Industrie-Comptoirs. 1813. Fol.

140. Willkommen! Diese Stimmen, sie erschallen, u. s. w. Weimar 1814. 8vo. 40 Bll.
>Goethe, der die Sammlung besorgte, und die den Inhalt der Gedichte bezeichnende Uebersicht verfasste, hat auch Antheil an mehreren der Gedichte selbst.

141. Des Epimenides Erwachen. Ein Festspiel von Goethe. Berlin bei Duncker und Humblot. MDCCCXV. 8vo. XIV S. Vorwort von K. L. (Levezow) u. 66 S.

142. Ueber Kunst und Alterthum in den Rhein- und Mayn-Gegenden. Von Goethe. Bd. 1.—6. Stuttgard, in der Cottaischen Buchhandlung. 1818—1832. 8vo.
>Das erste Heft erschien 1816. Der Schluss des 6ten Bandes, S. 433—672, wurde erst nach G'«. Tode gedruckt.

143. Zur Naturwissenschaft überhaupt, besonders zur Morphologie, Erfahrung, Betrachtung, Folgerung, durch Lebensereignisse verbunden. Von Goethe. Bd. 1. Heft 1.—4. Bd. 2. Heft 1. 2. Stuttgard u. Tübingen, in der J. G. Cottaschen Buchhandlung. 1817—1824. 8vo. Mit 8 Kupfern und einer barometrographischen Tabelle.

144. Wahrscheinliche Zusammenstellung der Gruppen des Gemähldes in der Lesche zu Delphi, von Polygnot. Auf d. Rückseite: Nachricht des Pausanias von Polygnots Gemählde. 1 Bl. gr. Fol. Mit artistischer Beilage.
>Im Besitze der Herrn Walther v. Goethe in Weimar.

145. Gruss aus der Ferne. So wandelt hin, lebendige Gestalten, u. s. w. 1 Bl. 4to. (Aus Jena gesandt. Der Abwesende dem Maskenfest, zum 16. Febr. 1818. Werke, Bd. 6, S. 136.)

146. Bei Allerhöchster Anwesenheit Ihro der verwittweten Kaiserin aller Reussen Majestät. Maskenzug. Im December. Vorläufige Anzeige. Weimar, 1818. 8vo. 16 S.
<small>Im Besitze des Herrn v. Loeper in Berlin.</small>

147. Bey Allerhöchster Anwesenheit Ihro Majestät der Kaiserin Mutter Maria Feodorowna in Weimar. Maskenzug. 1818. 8vo. 80 S. (Werke, Bd. 6. S. 216 ff.)

148. Die Feier des achtundzwanzigsten Augusts dankbar zu erwiedern. Sah gemalt in Gold und Rahmen u. s. w. Eigenhändig unterzeichnet: Carlsbad. d. 15 Septbr. 1819. Goethe. 1 Blatt 8vo. (Werke, Bd. 6, S. 34.)

149. West-oestlicher Divan. von Goethe. Stuttgard, in der Cottaischen Buchhandlung. 1819. 8vo. 1 Bl. u. 556 S.

150. Goethe's Beurtheilung des Lustspiels in Straßburger Mundart: der Pfingstmontag in fünf Aufzügen und Versen. Aus dessen neuester Schrift: Ueber Kunst und Alterthum zweyten Bandes zweytem Hefte. Straßburg, ... 1820. 8vo. 19 S. (Werke, Bd. 32, S. 240.)

151. Carl August Fürst von Hardenbergs Portrait, lithogr. von den Gebr. Henschel in Berlin. Darunter Gedicht: „Wer die Körner wollte zählen" von Goethe, zum 31ten May 1820. 1 Bl. fol. (Werke Bd. 6, S. 89.)
<small>Im Besitze des Herrn Alb. Cohn in Berlin.</small>

152. Wilhelm Meisters Wanderjahre oder die Entsagenden. Ein Roman von Goethe. Erster Theil. Stuttgard und Tübingen, in der Cottaschen Buchhandlung. 1821. 8vo. 4 Bll. u. 550 S. Auf den Vorsatzblättern: Gedichte.
<small>Das erste Buch der Wanderjahre erschien 1810 im Taschenbuch für Damen.</small>

153. Radirte Blätter nach Handzeichnungen von Goethe, herausgegeben von C. A. Schwerdtgeburth. Weimar. 4to. 6 Bll. Auf dem Umschlage 6 Gedichte Goethes (Werke Bd. 31, S. 175).

154. (Gedicht an Bergrath Lenz.) Erlauchter Gegner aller Vulkanität! u. s. w. 1 Bl. 4to. (Werke Bd. 6, S. 134.)
<small>Im Besitze des Herrn v. Loeper in Berlin.</small>

155. (Gedicht zu Thaers Jubelfest.) Zum vierzehnten Mai 1824. Wer müht sich wohl im Garten dort u. s. w. Gedruckt bei A. W. Schade in Berlin. 1 Bl. 4to. (Werke Bd. 6, S. 33.)
<small>Im Besitze des Herrn Alb. Cohn in Berlin.</small>

156. Zur Logenfeier des dritten Septembers 1825. Weimar 1825. 8vo. 3 Bll. (Werke Bd. 6, S. 7 sq.)

157. Dasselbe. Derselbe Druck, doch ist der Titel statt eines besondren Titelblattes auf die erste Seite des Textes gedruckt. 8vo. 2 Bll.

158. Die Feier des siebenten Novembers 1825 dankbar zu erwiedern. Sah gemalt in Gold und Rahmen u. s. w. (Werke Bd. 6, S. 34.) Eigenhändig unterzeichnet: Weimar 7. Nov. 1827. Goethe. 1 Bl. 8vo.
<small>Dasselbe Gedicht, welches ursprünglich bei der Feier des 70sten Geburtstages 1819 gedruckt wurde.</small>

159. Jahresblüthen von und für Knebel. Gedruckt als Manuscript für Freunde und Freundinnen zur Feyer des XXX Novembers 1825. Weimar. 4to.
<small>Enthält auf dem 9. Blatte vier Reimzeilen von Goethe an Knebel. Nicht in den Werken.</small>

160. Am acht und zwanzigsten August 1826. Des Menschen Tage sind verflochten u. s. w. Handschriftlich unterzeichnet: Weimar, Goethe. 1 Blatt 8vo. (Werke Bd. 6, S. 20.)

161. Goethes Haus in Weimar. Bild mit den Versen: Warum stehen sie davor? u. s. w. (Werke Bd. 6. S. 182.)
<small>Im Besitze des Herrn v. Loeper in Berlin.</small>

162. Prolog von Goethe, gesprochen im Königl. Schauspielhause vor Darstellung des dramatischen Gedichts Hans Sachs, in 4 Abtheilungen, von Deinhardstein. Berlin 1828. 8vo. 13 S.
<small>Den Anfang, 52 Verse, dichtete G. im J. 1828. Dieser Theil des Prologs ist nicht in die Werke übergegangen. Der übrige Theil desselben ist das Gedicht: Hans Sachsens poetische Sendung, vom J. 1776 (Werke Bd. 2, S. 117 folgb.), jedoch mit einigen Varianten und Weglassung der beiden Schlußverse. Die Verse des Gedichts:
„Drauf seht ihr mit weiten Aermeln und Falten
Gott Vater Kinderlehre halten"
hatte Graf Brühl in dem Prologe durch die folgenden ersetzt:
„Drauf seht Ihr die Jungen und seht auch die Alten,
Wie sie auf Erden thun schalten und walten".
Diese Verse sind in dem vorliegenden Exemplare ausgestrichen und von Goethe eigenhändig durch folgende ersetzt:
„Da seht ihr allerley Thiergestalten
Auf Gottes frischer Erde walten".
Als Schluß endlich dichtete G., an Stelle der beiden Schlußverse des Gedichts, nachträglich für den Prolog die, ohne Bezeichnung des Zwecks in den Werken (Bd. 6, S. 116) abgedruckten sechs Verse „Wenn das Talent verständig waltet" hinzu. (Vergl. Riemer, Briefe von u. an G. S. 166.)
Im Besitze des Herrn v. Loeper in Berlin.</small>

163. Zelters Siebzigster Geburtstag, gefeiert von Bauenden, Dichtenden, Singenden, am 11ten December 1828.

Glückwunsch von Goethe, in Musik gesetzt von Rungenhagen. Berlin, Gedruckt in der Akademischen Druckerei. 8vo. 4 Bll. (Werke Bd. 6. S. 27 flg.)

164. Gesänge am 11ten December 1828. 8vo. 4 Bll. Darin ein Gedicht Goethes. (Werke. Bd. 6. S. 30.)

Im Besitze des Herrn Alb. Cohn in Berlin.

165. Der fünfte Mai. Ode auf Napoleons Tod von Alex. Manzoni. In der Italischen Urschrift nebst Uebersezungen von Goethe, Fouqué, Giesebrecht, Ribbeck, Zeune. Berlin, in der Maurerschen Buchhandlung, Burg-Straße No. 6. 1828. 8vo. 28 Seiten. (Werke Bd. 1. S. 324.)

166. Briefwechsel zwischen Schiller und Goethe in den Jahren 1794—1805. Th. 1—6. Stuttgart und Tübingen, in der J. G. Cottaschen Buchhandlung. 1828—1829. 8vo.

167. Chaos. Zeitschrift, gedruckt in Weimar 1829—1831. Redigirt von Ottilie von Goethe. 4to. Mehrere Beiträge Goethes enthaltend.

Im Besitze des Herrn Alb. Cohn in Berlin.

168. Das Römische Denkmal in Igel und seine Bildwerke, mit Rücksicht auf das von H. Zumpft nach dem Originale ausgeführte 19 Zoll hohe Modell, beschrieben und durch Zeichnungen erläutert von Carl Osterwald. Mit einem Vorworte von Goethe. Coblenz 1829. 4to. 60 Seiten u. 4 Tafeln. (Werke. Ausg. letzter Hand. Bd. 44. S. 180.)

169. Der Demoiselle Schmehling .... Leipzig 1771. — An Madame Mara .... Weimar, 1831. 2 Bll. 8vo. (Werke. Bd. 6, S. 131.

Im Besitze des Herrn Sal. Hirzel in Leipzig. — Diese beiden Gedichte wurden in Reval gedruckt. Vergl. Briefwechsel zwischen Goethe und Zelter Th. 6 S. 173.

170. Faust. Eine Tragödie von Goethe. Zweyter Theil in fünf Acten. (Vollendet im Sommer 1831.) Stuttgart und Tübingen, in der J. G. Cottaschen Buchhandlung. 1833. Kl. 8vo. 1 Bl. u. 344 S.

171. D. Goethens Schriften Th. 1—3. Berlin, bey Christian Friedrich Himburg. 1775, 75, 76. 8vo.

172. Dasselbe. Bd. 1—3. Zweite Auflage. Ebendas. 1777. 8vo.

173. Dasselbe. Bd. 1—3. Dritte Auflage. Ebendas. 1779. Bd. 4. Ebend. 1779. 8vo.

Diese Ausgaben erschienen ohne Autorisation des Dichters und wurden mehrfach nachgedruckt.

174. Goethes Schriften. Bd. 1—8. Leipzig, bey Georg Joachim Göschen. 1787—1790. 8vo.
<small>Erste von G. besorgte Ausgabe. — Dieselbe erschien als geringere Ausgabe in 4 Bänden: Ebend. 1787—1791 (nachgedruckt in Wien), und wiederholt in 8 Bänden: Ebend. 1790.</small>

175. Goethes neue Schriften. Bd. 1—7. Berlin. Bei Johann Friedrich Unger. 1792—1800. 8vo. (Nachgedruckt in Mannheim 1801 u. folgg.)
<small>Die späteren Ausgaben von Goethes Werken seit 1806 erschienen im Verlage von Cotta.</small>

---

176. Ordentliche wochentliche Frankfurter Frag- und Anzeigungs-Nachrichten. Vom 10. Junii 1774. Enth.: Aufforderung zu einem gerichtl. Termin, unterz.: J. W. Goethe, Dr. und Adv. ord. dahier.
<small>Im Besitze des Herrn Sal. Hirzel in Leipzig.</small>

177. Verzeichniß der Autographen-Sammlung Goethes, mit der handschriftlich hinzugefügten Bitte um Beiträge. 20. Dec. 1811. 1 Bl. 4to.
<small>2 Exemplare. Im Besitze der Herren v. Loeper und Alb. Cohn in Berlin.</small>

178. Gesänge bei Goethes Bestattung, den 26. März 1832. I. Laßt fahren hin das allzu Flüchtige! u. s. w. II. Ruhe sanft in heil'gem Frieden u. s. w. Gedrucktes Blatt.

V.

Musikalische Compositionen zu Gedichten Goethes.

<small>Die Nummern, deren Besitzer nicht angegeben ist, sind Eigenthum der Königl. Bibliothek in Berlin.</small>

1. Das Gastmal (Offene Tafel) „Viele Gäste wünsch' ich heut." Originalhandschrift Goethes u. Zelters. Weimar, d. 12. Octb. 1813 u. B. 26. Febr. 14.
<small>Im Besitze des Herrn Geh. Archiv-Raths Dr. Frieblaender</small>

2. Die wackelnde Glocke. Comp. von Zelter, d. 5. Jan. 1814. Eigenhändig. Ungedruckt.
<small>Im Besitze des Fräuleins Karoline Schulze in Potsdam.</small>

3. Der Zauberlehrling. Comp. von Zelter. Eigenhändig. In demselben Hefte Nr. 8: Die Braut von Korinth.

4. Zelters sämmtliche Lieder, Balladen und Romanzen für das Pianoforte. 3. Heft. Berlin, im Kunst= und Industrie=Comptoir.
No. 3. Der König von Thule. Mit Correcturen von Zelters Hand.
Im Besitze des Fräuleins Rosamunde Zelter in Kronheide.

5. Freudvoll und leidvoll. Comp. von Zelter. 5. Sept. 1804. Eigenhändig.
Im Besitze des Herrn Dr. Rintel in Berlin.

5a. Schweizerlied. „Uf'm Bergli." Comp. v. Zelter. Eigenhändig. Ungedruckt.
Im Besitze des Herrn Dr. Rintel in Berlin.

5b. Todtentanz. „Der Thürmer der schaut," Comp. v. Zelter. Eigenhändig.
Im Besitze des Herrn Dr. Rintel in Berlin.

5c. „Kennst du das Land". Comp. von Zelter. Eigenhändig.
Im Besitze des Herrn Dr. Rintel in Berlin.

5d. Klage. „Wer nie sein Brod." Comp. von Zelter. Eigenhändig.
Im Besitze des Herrn Dr. Rintel in Berlin.

5e. Erlkönig. Comp. v. Zelter. 25. Juni 1797. Eigenhändig.
Im Besitze des Herrn Dr. Rintel in Berlin.

5f. „Kennst du das Land." Vierte Composition. 24. Mai 1817 Von Zelter. Eigenhändig.
Im Besitze des Herrn Dr. Rintel in Berlin.

6. Verschiedene Melodie=Entwürfe zu Clärchens Liede: „Freudvoll und leidvoll" von Ludw. van Beethoven. Eigenhändig.

7—8. Zwei verschiedene Melodie=Entwürfe zu Clärchens Liede: „Die Trommel gerühret, das Pfeifchen gespielt" von Ludw. van Beethoven. Eigenhändig.

9. Verschiedene Melodie=Entwürfe zu dem Gedicht: „Kleine Blumen, kleine Blätter" von Ludw. van Beethoven. Eigenhändig. (6 Seiten Querfol.)

10. Erster Entwurf zur Composition des Liedes: „Es war einmal ein König" aus Goethes Faust von Ludw. van Beethoven. Eigenhändig.

11. Erster Entwurf zur Composition des Bundesliedes: „In allen guten Stunden" von Ludw. van Beethoven. Eigenhändig.

V. Musikalische Compositionen.

12. Erlkönig. „Wer reitet so spät", von Franz Schubert. op. 1. Eigenhändig.

13. Heidenröslein. „Sah ein Knab ein Röslein stehn", comp. von Franz Schubert. op. 2. Eigenhändig.

14. Schäfers Klagelied. „Da droben auf jenem Berge", comp. von Franz Schubert. op. 2. Eigenhändig.

15. Rastlose Liebe. „Dem Schnee, dem Regen", comp. von Franz Schubert. op. 5. Eigenhändig.

16. Der König von Thule, comp. von Franz Schubert. op. 5. Eigenhändig.

17. Gesang der Geister über den Wassern, comp. von Franz Schubert für 4 Tenore, 4 Bässe, 2 Violinen, 2 Violoncelles und Baß. 1820. Eigenhändig.

18. Wilhelm Meister: „An die Thüren will ich schleichen", comp. von Bernh. Klein. Eigenhändig.

19. Die erste Walpurgisnacht, comp. von Felix Mendelssohn-Bartholdy. Partitur. (Ein Theil des Chores: „Kommt mit Zacken".) Eigenhändig.

20. Jery und Bätely, comp. von Jul. Schneider. 1831. Eigenhändig.

Im Besitze des Componisten.

21. Erwin und Elmire, ein Schauspiel mit Gesang, von Goethe; in Musik gesetzt von André. Offenbach am Main, bei dem Verfasser. 1776. Klavierauszug.

22. Serenaten beim Klavier zu singen. In Musik gesetzt von Christian Gottlob Neefe. Leipzig, zu finden in der Dykischen Buchhandlung. 1777.

Anhang: Serenate, aus Claudine von Villa Bella, von Goethe.

23. a) Volks- und andere Lieder, mit Begleitung des Fortepiano. In Musik gesetzt von Siegmund Freyherrn von Seckendorff. Weimar, bei Karl Ludolf Hoffmann. 1779. 4to.

No. 1: Der Fischer. „Das Wasser rauscht."
No. 6: Romanze. „Ein Veilchen auf der Wiese stand."
No. 9: Romanze. „Es war ein Bule frech genung."

b) Zweite Sammlung.

No. 5: Aus Goethes Monodrama Proserpina. „O Du hörst mich freundlich."

c) Dritte Sammlung. Dessau, auf Kosten der Verlagskasse, und zu finden in der Buchhandlung der Gelehrten. 1782.

No. 3: Der König von Thule, „Es war ein König in Thule,
aus Goethes D. Faust.   Ein goldnen Becher er hätt'
Empfangen von seiner Buhle
Auf ihrem Todesbett."

24. Gesänge zum Klavier, von J. J. Walder. Zürich, bei Joh. Caspar Füeßli, Sohn. 1780.

25. Lieder und Gesänge mit Klaviermelodien, als Versuche eines Liebhabers, von Christian Adolf Overbeck. Hamburg, bey Carl Ernst Bohn, 1781. p. 41. Aus Erwin und Elmire. „Ein Veilchen auf der Wiese stand".

26. Oden und Lieder aus den besten deutschen Dichtern, mit Begleitung des Claviers in Musik gesetzt von Friederich Wilhelm Rust, Fürstl. Anhalt-Dessauischen Musikdirektor.

Erste Sammlung. Dessau, auf Kosten der Verlagscasse und zu finden in Leipzig in der Buchhandlung der Gelehrten, 1784. p. 9: „Der du von dem Himmel bist".

27. Das Veilchen. Von Goethe. 8. Jun. 1785. Comp. von Wolfg. Amad. Mozart. Facsimile.

28. Fünf und zwanzig Lieder. In Musik gesetzt von Corona Schröter. Weimar 1786. Annoch bei mir selbst, und in Commission in der Hoffmannischen Buchhandlung.

Nr. XVII: Der Erlkönig. „Wer reit't so spät durch Nacht und Wind?"

Nr. XXV: Jugendliebe. (Der neue Amadis.) „Als ich noch ein Knabe war."

29. Cäcilia, von Johann Friedrich Reichardt. Erstes Stück. Berlin, im Verlage des Autors, und in Commission der Breitkopffischen Buchhandlung in Dresden 1790.

p. 18: Wandrers Nachtlied.
p. 19: An den Mond.
Drittes Stück. p. 7. Rhapsodie. „Ach wer heilet die Schmerzen".

30. Oden und Lieder für Clavier. In Musik gesetzt... von Andres Romberg gestochen und zu haben bei Georg Welsch, Hofmusikus in Bonn 1793.

Nr. 10. Heiden-Röslein.
-   11. Der Fischer.
-   12. Erlkönig.
-   13. An den Mond.
-   14. Marmotte.

V. Musikalische Compositionen.

31. a. Kirchgang; b. Lied aus Götz von Berlichingen. Comp von F. L. Seidel. Beilage zur allgemeinen musical. Zeitung. (October 1805.)

32. Proserpina, Monodrama von Goethe. Musik von Carl Eberwein.

33. Erwin und Elmire. Ein Singespiel in zwey Acten, von Goethe. In Musik gesetzt von Johann Friederich Reichardt. Vollständiger Clavierauszug. Berlin, im Verlage der neuen Berlinischen Musikhandlung.

34. Jery und Bätely. Ein Singspiel in einem Aufzuge, von Goethe. In Musik gesetzt von Johann Friederich Reichardt. Berlin. Im Verlage des Autors.

35. Lila. Schauspiel mit Gesang, Chören und Tanz von Goethe. Musik von F. L. Seidel.

36. Des Epimenides Erwachen, ein Festspiel von Herrn von Goethe in Musik gesetzt von Bernhard Anselm Weber, Königl. Preuß. Kapellmeister. „Zum ersten Male aufgeführt auf dem Kön. Opern-Theater zu Berlin am Jahrs-Tage der Einnahme von Paris den 30. März, wiederholt den 31. 1815."

37. Goethes Lieder, Oden, Balladen und Romanzen mit Musik von J. F. Reichardt, Königl. Westphäl. Capell-Director. Abtheilung 1—3. Leipzig, bey Breitkopf und Härtel.
  Die ganze Sammlung enthält 114 Melodien.

38. (50) Lieder, Balladen und Romanzen von Goethe mit Begl. des Pianof. Musik von P. Grönland. Leipzig. Breitkopf u. Härtel.

39. Colma, ein Gesang Ossians, von Goethe, fürs Clavier u. Gesang in Musik gesetzt von J. R. Zumsteeg. Leipzig, in der Breitk. Buchh.

40. Die erste Walburgisnacht. Lied von Goethe. Gesang mit Begleitung des Pianoforte. Musik von P. Grönland. Bei Breitkopf u. Härtel in Leipzig.

41. Neun Gesänge zu Goethes Faust für Stimme und Pianoforte gesetzt und dem Unsterblichen Dichter so wie den durch Kunst und Kunstliebe ausgezeichneten Verehrern Seines Genius, dem Durchl. Fürsten von Radzivill und Herrn Professor Zelter, dankbar und ehrerbietig gewidmet von Justus Amadeus Lecerf. Heft 1. 2. Berlin. Schlesinger.

42. Meeres Stille und Glückliche Fahrt. In Musik gesetzt und dem Verfasser der Gedichte, dem Unsterblichen Goethe, hochachtungsvoll gewidmet von Ludwig van Beethoven. 112. Werk. Part. Wien, bei Rob. Haslinger.

43. Die Walpurgisnacht. Ballade von Goethe, für Solo und Chorgesang mit Begleitung des Pianoforte von C. Loewe. Op. 25. Berlin. Schlesinger.

44. Requiem für Mignon, aus Goethes Wilhelm, Meister für Chor, Solostimmen und Orchester von Robert Schumann. Op. 98 b. Leipzig. Breitkopf u. Härtel.

45. Scenen aus Goethes Faust für Solostimmen, Chor und Orchester componirt von Robert Schumann. Partitur. Berlin. J. Friedländer.

46. Der König von Thule, von Fr. Liszt. Berlin. Schlesinger.

47. Gesang der Geister über den Wassern. Goethesche Ode, für vier Solostimmen mit Begleitung des Pianoforte componirt von C. Loewe. Op. 88. Berlin. Schlesinger.

48. Gesang der Geister über den Wassern. Gedicht von Goethe, in Musik gesetzt für Chor und Orchester von Ferdinand Hiller. Op. 36. Berlin. Trautwein.

49. Compositionen zu Goethes Faust vom Fürsten Anton Radziwill. Partitur. Berlin, in Commission bei J. Trautwein.
Prachtausgabe in gr. Querfol. mit Illustrationen von Biermann, Cornelius, Hensel, Hosemann, Fürst Ferdinand Radziwill, C. Schulz u. Zimmermann. Eigenthum der Sing-Akademie zu Berlin.

50. „Freudvoll und leidvoll" comp. von Ludw. van Beethoven. Eigenhändiger Klavierauszug.
Im Besitze des Herrn Dr. O. Lindner in Berlin.

VI.
Illustrationen.*)

1. Originalzeichnung von Chodowiecki: Lotte händigt dem Bedienten Werthers die verlangten Pistolen ein. 1777.
<small>Im Besitze des Herrn Sal. Hirzel in Leipzig.</small>

2. Vier englische Kupferstiche, Scenen aus Werthers Leiden, nach Ramberg, Bunbury u. and. gestochen von Roze le Noir, Knight, Bartolozzi.
<small>Im Besitze desselben.</small>

3. Die Käsefrau, aus Goethes Geschwistern. Original-Genrebild, von L. Richter. 1856.
<small>Im Besitze desselben.</small>

4. Drei Photographien nach Zeichnungen von Kaulbach.
1) Werthers erste Begrüßung mit Lotte.
2) Gretchen (Faust Act II.).
3) Gretchen (Faust Act IV.).
<small>Durch gefällige Zusendung des Herrn F. Bruckmann in Frankfurt a. M.</small>

<small>*) Der Raum des Saales gestattete nicht von den, nach Tausenden zählenden Illustrationen zu den Dichtungen Goethes mehr aufzustellen.</small>

VII.
Andenken und Erinnerungszeichen.

1. Lehnsessel aus Goethes Arbeitszimmer in Weimar.
<small>Im Besitze der Familie von Goethe in Weimar.</small>

2. Ein Kissen mit Blumenkranz, von hohen Händen gestickt und Goethe verehrt.
<small>Im Besitze des K. Pr. Hauptmanns Herrn Riemer in Köln. (Verkäuflich).</small>

3. Ein kleiner gestickter Teppich aus Goethes Arbeitszimmer.
<small>Im Besitze der Familie v. Goethe in Weimar.</small>

4. Ein Paar türkische Morgenschuhe Goethes, darauf der Name „Suleika."
Im Besitze des Königl. Pr. Hauptmanns Herrn Riemer in Köln. (Verkäuflich.)

5. Ein Geldkästchen Goethes, aus dem Holze des mehr als hundertjährigen Wachholderbaumes in Goethes Garten, den der Sturm vom 30. zum 31. Januar 1809 umbrach (vergl. Goethes Werke Ausg. letzter Hand XXXII. S. 53.)
Im Besitze desselben. (Verkäuflich.)

6. Ein Kästchen aus dem Holze der Linde in Sesenheim mit Perlstickerei.
Im Besitze des Herrn Geh. Oberpostrathes Schüler in Berlin.

7. Eine Schachtel mit einem auf dem Boden derselben befestigten eigenhändigen Gedichte Goethes. Inliegend war das von G. Schadow in Wachs bossirte Medaillon-Bildniß als Gegengeschenk für die Mirabellen, welche Frau v. Willemer aus Frankfurt dem Freunde geschickt hatte. Im Verzeichniß der Schaumünzen I. B. 10.
Im Besitze des Herrn H. Grimm in Berlin.

8. Eine Brieftasche Goethes, Arbeit und Geschenk von seiner Schwester Cornelia.
Im Besitze des Königl. Preuß. Hauptmanns Riemer in Köln. (Verkäuflich.)

9. Ein von Goethe getragenes Ordensband des kaiserl. östr. Leopoldordens.
Im Besitze desselben.

10. Ein Becher von Krystallglas mit Goethes Medaillon-Bildniß nach Bovys Medaille.
Im Besitze des Herrn Elischer in Pesth.

11. Ein goldener Siegelring Goethes mit einer Eule.
Im Besitze des Herrn Kräuter in Weimar. (Verkäuflich.)

12. Zwei goldene Ringe mit Goethes Haar vom Jahr 1820. Geschenke an Kraeuter (den Vater) und dessen Gattin.
Im Besitze desselben. (Verkäuflich.)

13. Ein Kettengeflecht von Goethes Haar mit goldenen Oesen; von ihm geschenkt an Frau Geh. Reg.=Räthin Meyer in Minden. Eine Nadelbüchse als Etui.
Im Besitze der verwittweten Frau Geh. Reg.-Räthin Meyer in Minden, früher in Bremen, welche sich geneigt erklärt hat, mehrere dergleichen Gegenstände Kaufliebhabern zu überlassen.

14. Goethes Federmesser, 4 Schreibfedern und 2 Bleistifte, sämmtlich von ihm gebraucht.
Im Besitze des Herrn Kräuter in Weimar. (Verkäuflich.)

VII. Andenken und Erinnerungszeichen.

15. Etui mit zwei silbernen Medaillen a. von Bovy 1831 s. Verz. der Schaumünzen No. 7. b. von Brandt 1825 mit eingegrabener Randschrift: Carl August und Louise. Goethen. Zum VII. November 1825 s. Verzeichniß der Schaumünzen No. 4.
<small>Auf dem Deckel des Etuis in goldener Aufschrift: „Herrn Professor und Ritter Zelter zum XI. Decbr. 1815." — Im Besitze des Fräuleins Rosamunde Zelter in Kronheide.</small>

16. Medaille von Bovy in Genf, 1824. Kehrseite Adler; Silber. S. Verzeichniß der Schaumünzen No. 2.
<small>Pathengeschenk Goethes für Wolfgang Meyer, 1827. Im Besitze der Frau Geh. Räthin Meyer in Minden.</small>

17. Haarlocke Goethes aus der Jugendzeit.
<small>Im Glaskasten des ersten Fensters in einem Marmor-Rahmen.
Im Besitze des Königl. Pr. Hauptmanns Herrn Riemer in Köln. Aus dem Nachlasse seines Vaters, des Professors Riemer in Weimar. (Verkäuflich.)</small>

18. „Der Strauß, den ich gepflücket." Geschenk von Goethe, eigenhändig gepflückt und aufgenäht, mit der Aufschrift: Weimar, den 8. Oktober 1822; einer jungen Freundin verehrt.
<small>Am Pfeiler des ersten Fensters.
Im Besitze der Frau Hofr. Laura Förster in Berlin.</small>

19. Goethea strictiflora Hook. — Die Gattung Goethea erhielt ihren Namen von Nees v. Esenbeck (Nova acta Leop. vol. XI. p. 91), und wurde dem Dichter also zugeeignet: „Goetheo, patriae decori, Florae deliciis sempiternum hoc laete vigeat monumentum."
<small>Vergl. Kunst und Alterth. Bd. IV. Hft. 2.</small>

Nachträge.

I.

8a. Goethes Büste, nach der Maske Nr. 8 modellirt. Gipsabguß.
  Im Besitze des Herrn Gen.-Dir. v. Olfers in Berlin.

10b. Goethe und Schiller, zwei Statuetten von Wolgast modellirt, in Bronce gegossen und ciselirt von Köhler in Berlin.
  (Verkäuflich. Jede Figur 30 Thlr.)

11a. Zeichnungen von Frau Bettina v. Arnim, Skizzen zu den Reliefs des von ihr modellirten Goethe-Denkmals.

---

15. Die Medaillen-Portraits von Goethe (nach May), Schiller (nach Reyher), Beethoven (nach Gatteaux), Mozart (nach Doris Stock), gestochen von Reyher und Mandel. (Alle 4 in einem Rahmen).

16. Gipsrelief von Goethe, 6¾″ Durchmesser. Modellirt von W. Kullrich.

17. Gipsrelief von Schiller, 6¾″ Durchmesser. Modellirt von W. Kullrich.

18. Goethe-Medaille. In Bronze 1½″ Durchmesser. Geschnitten von W. Kullrich.

19. Schiller-Medaille. In Bronze 1½″ Durchmesser. Geschnitten von W. Kullrich.

12a. Goethe in Rom, 1787; ganze Figur, gez. von J. H. W. Tischbein. Wiederholung von Nr. 12.
  Im Besitze der Frau Geh. Räthin Mathilde Boisserée in Bonn.

14a. Goethes Bildniß in Oel von Raabe.
  Goethe sandte dies Bildniß den drei Brüdern Boisserée nach Heidelberg. „Aus Weimar, am Christfeste 1814" nebst einem eigenhändig geschriebenen Gedichte (Vgl. unten II. 37a.) — Im Besitze der Frau Mathilde Boisserée in Bonn.

20a. Goethes Jugend-Bildniß, Bleistiftzeichnung.
Im Besitze der Frau v. Bildenbruch geb. Nicolovius.

20b. Goethes Schwester Cornelia.
In demselben Besitze.

21a. Goethes Bildniß aus dem Jahre 1768. Unvollendete Radirung von Oeser in Leipzig.
Im Besitze des Herrn Aug. Diezmann.

21b. Goethes Bildniß, von Lips gezeichnet und gestochen. 1792.

27a. Carl August, Großherzog von Sachsen-Weimar, und Goethe. Kupferstich von Schwerdtgeburth.
Im Besitze des Herrn Prof. Lüderitz in Berlin.

27b. Amalia, Herzogin von Sachsen-Weimar. Photographie nach dem in Weimar befindlichen Gemälde der Angelica Kaufmann.
Im Besitze des Herrn Aug. Diezmann.

36a. C. M. Wieland, gemalt von May, Kupferstich von Bause 1782.
Im Besitze des Königl. Musikdir. Herrn Jähns in Berlin.

60. Die Gräfin Branconi, Photographie.

61. Zwei Schwestern Oeser, Photographie nach Tischbein.

61a. Charlotte v. Schiller geb. v. Lengefeld. Steinzeichnung.

II.

11a. Funfzehn Parabeln, überschrieben: Salomons Königs von Israel und Juda güldne Worte von der Ceder biß zum Issop. „Es stand eine herrliche Ceder auf Libanon, in ihrer Krafft vor dem Antlitz des Himmels". Eigenhändig. 3 S. fol.
Aus dem Nachlasse der Frau Sophie v. La Roche. Jetzt im Besitze des Herrn Baron von Lützow in Görlitz. — Eine bisher unbekannte Dichtung Goethes, Ausführung der Stelle im ersten Buche der Könige, 4. 33: „Und er redete von Bäumen, von der Ceder an zu Libanon bis an den Ysop, der aus der Wand wächst." Wahrscheinlich im Jahre 1774 oder 1775 geschrieben, in welcher Zeit G. das hohe Lied Salomons übersetzte. (Vergl. Schöll, Briefe und Aufsätze von Goethe. S. 155).

34a. Gedicht aus dem Divan: „Aus wie vielen Elementen". 6 Strophen. Eigenhändig. Dat. W. d. 22. Jul. 1814. 1 Bl. fol.
Im Besitze des Herrn Dr. Rintel in Berlin; aus dem Nachlasse Zelters.

34b. Gedicht aus dem Divan: „Sagt es niemand, nur den Weisen". 5 Strophen. Eigenhändig. Datirt: W. B. (Wiesbaden) d. 31. Jul. 1814. 1 Bl. fol.
    Im Besitze desselben.

34c. Gedicht: Den Drillings-Freunden von Coelln, gegenwärtig in Heidelberg. Mit einem Bildniß. (Werke. Bd. 6. S. 71). Dat. Weimar, am Christfeste 1814. Eigenhändig. Jede der drei Strophen auf einem besondren Blatte. Voran ein Titelblatt.
    Im Besitze der Frau Mathilde Boisserée in Bonn. — Dies Gedicht wurde mit dem Bildnisse Goethes von Raabe (f. oben I 14a) von G. an die Gebrüder Boisserée gesandt.

37a. Gedicht: Granit, gebildet anerkannt
    Es war ein wircklich freundlich Senden;
    Empfanget nun, aus gleicher Hand,
    Ein Bild, das auch die Welten spenden.
    Das regte sich in Gottes Frühe,
    Doch spät erst kommt es zum Betracht
    Und giebt Betrachtern Quaal und Mühe,
    Ich hab es mühsam oft bedacht.

    Und ich bedenck es alle Tage! —
    Wie unterstünde sich die Lust
    Uns zu versüßen Quaal der Plage,
    Wär' sich nicht Lust der Quaal bewußt!
W. März 1816. G. Eigenhändig. Bisher ungedruckt.
    Im Besitze derselben.

85b. Neun und sechzig Briefe von Goethe und dessen Mutter an Friedrich v. Stein. Aus den Jahren 1783 — 1793. Alle eigenhändig.
    Im Besitze der Frau Marie v. Jobelitz geb. v. Stein.

145a. Eigenhändiger Brief Goethes an Herrn v. Racknitz in Dresden. Dat. Breslau 18. Sept. 1790. 2 S. 4to.
    Im Besitze des Herrn Rob. Weigelt in Breslau.

159b. Brief Goethes an Jakob Grimm. Dictat. Dat. Weimar, 19. Jan. 1810. 1 S. 4to. Ungedruckt.
    Im Besitze des Herrn Hofr. Prof. J. Grimm.

160a. Brief Goethes an Wilhelm Grimm. Dictat. Dat. Weimar, 28. Aug. 1811. 2 S. 4to. Ungedruckt.
    Im Besitze desselben.

171a. Eigenhändiger Brief Goethes an Jacob Grimm. Dat. Tennstedt, 23. Aug. 1816. 3. S. 4to. Ungedruckt.
    Im Besitze desselben.

175a. Brief Goethes an denselben. Dictat. Dat. Weimar 19. Oct. 1823. 2 S. 4to. Ungedruckt.
  Im Besitze desselben.

175b. Brief Goethes an denselben. Dictat. Dat. Weimar 30. Aug. 1824. 2 S. 4to. Ungedruckt.
  Im Besitze desselben.

179a. Eigenhändiger Brief an Sulpiz Boisserée. Dat. Weimar, 3. Febr. 1826. 2. S. 4to.
  Im Besitze der Frau Mathilde Boisserée in Bonn.

198a. Brief von Goethes Mutter an den Schauspieler Unzelmann. Vom 27. Octob. (Ohne Jahreszahl) 4 S. 4to.
  Im Besitze des Kön. Musik-Dir. Herrn Jaehns.

III.

34a. Wiederholung der vorigen Zeichnung; darunter von Goethes Hand:

  Erst Empfindung, dann Gedanken,
  Erst in's Weite, dann zu Schranken,
  Aus dem Wilden hold und mild,
  Zeige sich das wahre Bild.
      August, 1815.   Goethe.
  Im Besitze der Frau Mathilde Boisserée in Bonn.

59a. 59b. Zwei Rahmen, ein jeder mit 9 Handzeichnungen Goethes, in Carlsbad entstanden.
  Im Besitze des Herrn Staats-Anwalts v. Schelling, aus dem Nachlasse der Mutter desselben, Pauline geb. Gotter.

70a. Goethes Vaterhaus in Frankfurt a. M. gez. von Lange, Lithographie von Knauth.
  Im Besitze des Herrn C. Jügel in Frankfurt a. M.

78. Das Grabmal August v. Goethes auf dem protestantischen Gottesacker bei Rom.
  Im Besitze des Herrn J. Frieblaender in Berlin.

VI.

5. Zeichnung und Erläuterung der Dichtung: Das Neueste aus Plundersweilen. Nach dem in Tiefurth befindlichen Gemälde von Kraus 1780.

6. Tasso und die beiden Leonoren. Oelgemälde von Hopfgarten.
<small>Im Besitze des Comités für Steins Denkmal. (Verkäuflich.)</small>

7. „Ueber allen Gipfeln ist Ruh". Das Goethe-Haus bei Ilmenau im Thüringer Walde. Landschaft von W. Brücke in Berlin.
<small>S. Goethes W. Bd. I. S. 78. (Verkäuflich.)</small>

8. Schluß-Dekoration zu der im Jahre 1815 in Weimar veranstalteten Aufführung des Monodrama Proserpina, von Goethe beschrieben: Werke, Ausgabe letzter Hand. Bd. 45. S. 72.
<small>Durchzeichnung. Im Besitze des Herrn Prof. Th. Mommsen in Berlin.</small>

Inhaltsverzeichniß.

I. Büsten, Medaillen, Schaumünzen, Bildnisse Goethes und ihm nah befreundeter Personen 3
II. Handschriften von Goethe, von seiner Familie und seinen nächsten Freunden 14
III. Handzeichnungen von Goethe 40
IV. Ausgaben Goethescher Werke 45
V. Musikalische Compositionen zu Gedichten Goethes 65
VI. Illustrationen 71
VII. Andenken und Erinnerungszeichen 71
Nachträge 75

Und wenn mich am Tag die Ferne
Blauer Berge sehnlich zieht,
Nachts das Übermaaß der Sterne
Prächtig mir zu Häupten glüht!

Alle Tag' und alle Nächte
Rühm ich so des Menschen Loos;
Denkt er ewig sich in's Rechte,
Ist er ewig schön und groß.

Weimar d. 14 Aug. 1830.

Goethe

Wenn nichts mehr übrig bliebe
     als liebend mühend Thränen
Das Glück der Näh' mein
     Sonnenregen giebt,
Vergiß nicht dann, den —
     ach! von ganzem Herzen
Dich, und nur dich geliebt!
                    Goethe.

(An Kestner 1773)